Georg Jansen

Schätze unserer Heimat

Alte Häuser – neu betrachtet

Simmerath • Bickerath • Witzerath • Paustenbach • Huppenbroich • Lammersdorf • Rollesbroich • Kallbrück • Silberscheidt • Kesternich • Strauch • Steckenborn • Hechelscheid • Eschauel • Woffelsbach • Rurberg • Einruhr • Pleußhütte • Seifenauel • Rauchenauel • Dedenborn • Hammer • Eicherscheid • Konzen

Helios

Alle Fotos, wenn nicht anders angegeben, stammen von Dr. Walter Scheibler (†), Monschau.

Alle angegebenen Hausnummern und Straßennamen entstammen der Vorkriegszeit
und sind seitdem oft mehrmals verändert worden.

Impressum

Helios Verlags- und Buchvertriebsgesellschaft
Postfach 39 01 12, 52039 Aachen
Tel.: (02 41) 55 54 26; Fax: (02 41) 55 84 93;
eMail: Helios-Verlag@t-online.de
www.helios-verlag.de
Bitte fordern Sie beim Verlag aktuelle Informationen zu lieferbaren Titeln an.

Printed in Serbia

ISBN 3-938208-19-8

Grußwort

Als Georg Jansen an mich herangetreten ist mit der Frage, inwiefern die Gemeinde Simmerath bereit ist, das nunmehr vorliegende Buch zu unterstützen, habe ich als Bürgermeister der Gemeinde Simmerath hierzu gerne meine Bereitschaft erklärt.

Wir leben in einer Region, die schon so manches durchlebt hat, aber auch immer wieder überlebt hat. Und die Zusammenstellung über alte Häuser in diesem Buch bringt doch so manche Erkenntnis über die wechselvolle Geschichte. Häuser, an denen man ansonsten achtlos vorbeigeht, erhalten so ein ganz neues Gesicht. Aber auch die Menschen, die in alten Häusern wohnen, diese liebevoll restauriert und saniert haben, erfahren so manches mehr über ihr Zuhause und ihr Umfeld.

Hier hat Georg Jansen in Zusammenarbeit mit vielen weiteren Helferinnen und Helfern ein wertvolles Zeitdokument geschaffen, in welchem Erinnerungen aufgefrischt oder ganz neue Informationen geliefert werden.

Namens des Rates und der Verwaltung der Gemeinde Simmerath spreche ich somit Herrn Georg Jansen und allen sonstigen Beteiligten einen herzlichen Dank zur Veröffentlichung des Buches „Schätze unserer Heimat: Alte Häuser - neu betrachtet" aus. Den Leserinnen und Lesern wünsche ich eine aufschlußreiche Lektüre.

Simmerath, im Juli 2005

Gemeide Simmerath

(Hubert Breuer)
Bürgermeister

„Schätze unserer Heimat“ stellen eine einzigartige Dokumentation der Sozial-, Kultur- und Wirtschaftsgeschichte des Simmerather Landes/Rurseengebiet dar. Das Werk läßt die Vergangenheit lebendig werden, schärft den Blick für das Leben unserer Vorfahren, führt zum Verständnis und zur Bewunderung ihrer Lebensleistungen in schwerer Zeit.

Viele Baudenkmäler sind noch erhalten. Es sind die Perlen im Ortsbild unserer Dörfer. Ihr Erhalt zeugt von Kontinuität und Identifikation der Bevölkerung zu den Leistungen ihrer Vorfahren. Unsere Dörfer sind nicht zuletzt durch das Engagement vieler für den Erhalt alter Bausubstanzen lebens- und liebenswert geblieben, das Simmerather Land/Rurseengebiet zusammen mit seiner schönen Landschaft für die Touristen attraktiv geworden. Insoweit ist das Buch auch ein Plädoyer für den Erhalt und die Pflege unserer historischen Bauwerke.

Ich wünsche dem Buch „Schätze unserer Heimat“ viele Leser und hoffe, daß es bei den Jüngeren große Beachtung finden wird. Das Buch von Georg Jansen hat es verdient.

Hans-Josef Hilsenbeck
Vorsitzender des Tourismus- und Kulturausschusses
des Kreises Aachen

Grußwort

Neben dem Wald und dem Wasser prägen die Wohnhäuser den Charkater unserer Heimat. Der Initiator des vorliegenden Buches zeigt eine Auswahl von diesen *„Schätzen"* der Eifel. Neben alten Bauernhäusern, die mit bis zu zehn Meter hohen Buchenhecken umsäumt sind, geben die Photographien einen Überblick über die Bauweise unserer Orte.

Dem aufmerksamen Betrachter wird die Einzigartigkeit der Eifeler Landschaft bewußt und er erkennt die *„Schätze"* unserer Heimat.

Georg Jansen gilt mein ganz besonderer Dank für die Bereitstellung und Aufarbeitung der Photosammlung.

Monschau im September 2005

Herbert Mertens
Leiter der Direktion Monschau
der Sparkasse Aachen

Grußwort

Als wir Anfang 2004 von dem Buchprojekt des Herrn Jansen erfuhren, stand für die Raiffeisenbank in Simmerath sofort fest, daß ein so einmaliges Werk wie dieses, eine größtmögliche Unterstützung erhalten sollte.

Es war mir persönlich eine ganz besondere Freude zu sehen, daß durch die Arbeit von Herrn Jansen der heutigen und den nachfolgenden Generationen die Möglichkeit gegeben wird, unsere ursprüngliche Eifel-Landschaft – verbunden mit den alten, traditionellen Bauweisen der damaligen Wohnhäuser und Höfe – kennenzulernen. Auch die Erinnerungen an die früheren Dorfstrukturen, heute zum großen Teil schon in Vergessenheit geraten, bleiben nun erhalten.

Dieses Buch hält gekonnt fest, wie unsere Heimat früher aussah. Manch einer wird sich beim Betrachten der alten Fotos zurückerinnern und dann vielleicht seinen Kindern und Enkeln erzählen, wie es damals zu Hause war. Und genau das wollen wir auch - die Geschichte, die Tradition unserer Heimat vor dem Vergessen bewahren.

Olaf Jansen
Vorstandsvorsitzender
der Raiffeisenbank eG

Grußwort

Als Chronist der Hansa-Gemeinschaft Simmerath hat Georg Jansen so manchen Schatz unserer Vereinsgeschichte, der Geschichte unseres Ortes und unserer Region geborgen und einer breiten Öffentlichkeit zugänglich gemacht. Unermüdlichkeit und Genauigkeit zählen dabei zu seinen allseits geschätzten Markenzeichen.

Mit dem vorliegenden Buch hat Georg Jansen ein weiteres Glanzlicht bei der Dokumentation der Vergangenheit unserer schönen Eifel-Region geschaffen. In eindrucksvoller Weise wird das Erscheinungsbild unserer Heimat in früheren Zeiten gezeigt und durch das Einbeziehen der Einwohner interessant und lebendig gehalten. Der Bildband lädt ein zu einer Reise durch die Straßen früherer Tage und zu einem Besuch der damaligen Bewohner, von denen auch viele das Vereinsleben der Hansa mit gestaltet haben.

Gerne unterstützt daher auch die Hansa-Gemeinschaft das Anliegen ihres Chronisten Georg Jansen, die Geschichte unserer schönen ländlichen Region und das Andenken an deren Bewohner lebendig zu halten.

Simmerath im Juli 2005

Manfred Abel
1. Vorsitzender der
Hansa-Gemeinschaft 1921 e.V. Simmaerath

Vorwort

Liebe Leserinnen und Leser!

Dieses Buch gibt einen Schatz unserer Heimat preis, den ich hauptsächlich im Archiv des Kreises Aachen gefunden habe. Viele traditionell erbaute Wohnhäuser und die Dörfer des „Simmerather Landes/Rurseengebiet“, die Walter Scheibler um das Jahr 1940 fotografiert hat, und die durch Kriegswirren 1944/45 zerstört wurden, werden wieder lebendig. Auch die noch vorhandenen Häuser erscheinen in einem anderen Licht. Erleben Sie beim Betrachten der Fotografien und Erklärungen die baulichen Schönheiten einer Landschaft, die von unseren Vorfahren in mühseliger Arbeit und unter großen Opfern einzigartig geschaffen worden sind.

Sehen Sie, wie die Häuser das Wesen unserer Ahnen widerspiegeln, die der Not gehorchend, nur das Notwendige und Wesentliche schaffen konnten. Damit schufen sie eine eigene regionale Identität.

Bedanken möchte ich mich bei den vielen Förderern und Helfern, die auf den Einführungseiten der einzelnen Ortschaften genannt werden sowie beim Archiv des Kreises Aachen, die dieses Buch erst möglich gemacht haben.

Mein ganz persönlicher Dank gilt Berthold Thoma aus Kalterherberg, der mich bei meinem Vorhaben tatkräftig unterstützt hat.

Simmerath im Oktober 2005

Georg Jansen

Einführung zum Thema Venn- und Eifelhäuser
von Paul Merkenich

Der Großraum Simmerath/Rursee gehört, geografisch gesehen, zum Gebiet der oberen Rur, das sich von der Rurquelle bei Sourbrodt/Belgien im Hohen Venn hauptsächlich linksseitig des Flusses bis nach Heimbach erstreckt. In dieser hier behandelten Region finden wir in früherer Zeit als Wohnstätte fast ausnahmslos das Vennhaus und das Eifelhaus sowie Kombinationen aus beiden Haustypen, in zahlreichen Variationen, die alle durch den Fachwerkaufbau gekennzeichnet sind.

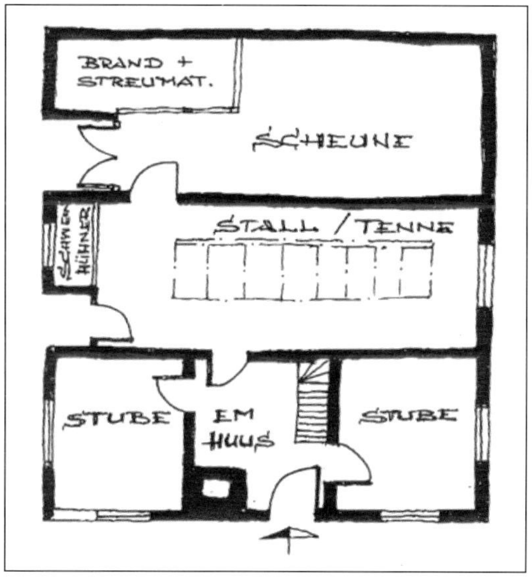

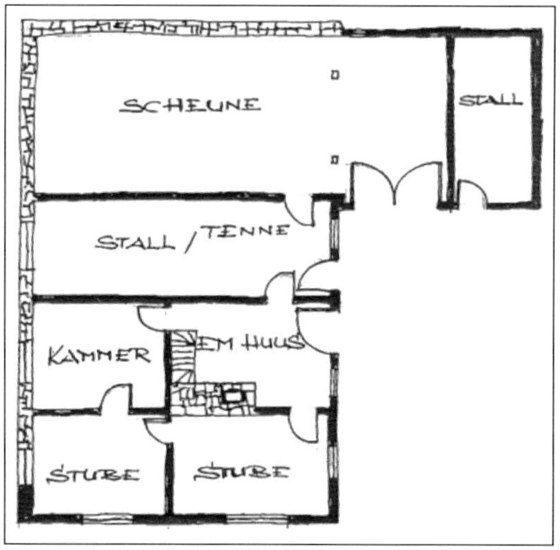

Das traditionelle Vennhaus ist grundsätzlich gekennzeichnet durch:

- Fachwerkbau (überwiegend)
- Reiterdach mit Stroheindeckung und einer Neigung von ca. 40 Grad
- Eingangstür und Kamin im Giebel an der Ostseite
- Tiefgezogenes Dach bis zu einer Traufhöhe von ca. 1,50 m

Das herkömmliche Eifelhaus weist folgende Grundmerkmale auf

- Fachwerkbau (überwiegend)
- Reiterdach mit Stroheindeckung und einer Neigung von ca. 50 Grad
- Eingangstür an der Längsseite des Hauses
- Traufe in Höhe der ersten Geschoßdecke auf den wetterabgewandten Seiten
- Traufhöhe auf den wetterzugewandten Seiten wie beim Vennhaus

Konstruktion und Material

Herkunft: Der hier in früherer Zeit meist anzutreffende Fachwerkbau ist germanischen Ursprungs und fand durch die Einwanderung des westgermanischen Stammes der Rheinfranken oder Ripuarier ab dem 5. Jahrhundert den Weg in die Nordeifel. Die ripuarischen Volksstämme, die in das Gebiet der oberen Rur einwanderten, besiedelten in etwa das Gebiet des früheren Landkreises Monschau, was nicht zuletzt durch den heute noch gesprochenen Dialekt nachvollziehbar ist.
Die reinen Steinhäuser entstammen dem wesentlich älteren, römischen Einfluß, der bereits seit dem 2. Jahrhundert nach dem Abzug der Römer immer mehr abnahm und später durch die Franken verdrängt wurde.

Beweggründe für den Bau eines Fachwerkhauses waren neben den reichlich vorhandenen Wäldern als Holzlieferanten die kostenlos zur Verfügung stehenden Lehmvorkommen in der Gegend. Die zum Bau nötigen handwerklichen Fähigkeiten waren von Generation zu Generation weitergegeben worden. Weiterhin ist der Fachwerkbau in seiner Struktur nicht starr, so daß die Wände zu starke Belastungen, die durch Feuchtigkeitsausdehnung als Frostfolge im Erdreich oder die starken Herbststürme entstehen, vollkommen abfedern und später wieder ihre Ursprungsform annehmen. Sie brechen unter einer Überbelastung nicht so abrupt, wie das bei Steinmauern mit Mörtel der Fall ist.

Aus der Sicht des Statikers stellt ein traditionell verzapfter Fachwerkbau allein ohne Ausfüllung der Felder bereits die Standfestigkeit und Standsicherheit des gesamten Hauses zur Verfügung. Man konnte auf den Bau von Gewölbebögen über Tür- und Fensteröffnungen, wie sie beim Steinhaus nötig wurden, verzichten. Die Fachwerkfelder wurden zunächst mit Holzstäben ausgefüllt und durch Flechtwerk sowie den abschließenden Lehmputz abgedichtet.

Die Technik des Verfachens wird anschaulich gezeigt: Haselgerten, die um senkrechte Eichenhölzer geflochten werden. Dieses Gerüst wird mit einem Gemisch aus Lehm und Stroh beworfen, angedrückt, geglättet und nach dem Trocknen mit Kalk geweißt.

Bild links: Wand eines alten Fachwerkhauses aus der Nordeifel

Bindemittel wie Kalk und Vulkansand waren ohnehin vor Ort nicht verfügbar. Diese wurden, wenn überhaupt, nur in kleinen Mengen für den Kaminbau und den Kalkanstrich des Lehmputzes eingesetzt.

Die Erfindung des Mörtels durch die Römer hatte die Konstruktion komplexer Steingebäude ermöglicht. Der von den Römern verwendete Mörtel bestand aus einer Mischung von Kies, Kalk und Puzzolan (Vulkansand). Er wurde so fest, daß dadurch die Überwölbung großer Grundflächen möglich wurde. Da Zement noch nicht erfunden und Vulkansand für die Eifel nur unter beschwerlichen Umständen zu beschaffen war, sind Teile der Häuser, hauptsächlich im Bereich Scheune und Stall durch Trockenbruchsteinmauern hergestellt worden. Solche Bruchsteinmauern sind heute noch vielfach als Stützmauern im Stadtbild von Alt-Monschau zu sehen.

Die Dacheindeckung wurde traditionell aus Stroh gearbeitet, das wiederum aus dem angebauten Getreide Roggen, Gerste oder Hafer gewonnen wurde. Dieses Eindeckmaterial hat sich bis ins 19. Jahrhundert erhalten, das danach durch Schiefereindeckungen aus den verschiedensten Schieferbrüchen in der Region und später Tonpfannen aus dem benachbarten Eynatten bei Eupen mehr und mehr abgelöst wurde. Heutzutage ist an der oberen Rur kaum noch ein Dachdecker zu finden, der eine traditionelle Stroheindeckung herstellen kann, darüber hinaus wäre schon die Prämie zur Feuerversicherung für ein strohgedecktes Haus von den meisten Haushaltskassen nicht tragbar.

Ein typisches Breitgiebelhaus, auch Vennhaus genannt, bei dem die Haustür im Giebel zu finden ist. Hier eine Aufnahme um 1930

Bild unten: Beim Strohdecken in der Nordeifel (Ort unbekannt)

Ausrichtung der Häuser

Zum Schutz vor den Westwinden sind bei den hier anzutreffenden Fachwerkbauten als aber auch der Einfriedung der Wiesen hohe Rotbuchenhecken anzutreffen. Je mehr man sich ruraufwärts dem Hohen Venn (höchste Erhebung 694 m über NN) nähert, so höher werden die Hecken. sie sind mehrere Meter hoch und bieten den den Häusern und den Menschen zusätzlichen Schutz gegen den naßkalten Vennwind aus dem Westen.

Weiterhin dienten die sehr tief gezogenen Dächer der Venn- und Eifelhäuser dem Schutz von Mensch und Vieh gegen diese naßkalte Witterung. Sie standen dem Wind nicht frontal sondern in einem Winkel um ca. 40 Grad entgegen. Auch die Anordnung der Räume trug diesem Rechnung.

Meistens verläuft der First in West-Ostrichtung, der nach Westen hin häufig durch eine volle Walmseite oder einen Krüppelwalm, am Hohen Venn auch Hangasch genannt, abgeschlossen wird, so daß die Längsseite des Hauses dem Wind nicht frontal ausgesetzt war. Das Dach reichte an allen Seiten bis etwa zur Höhe von 1,50 Meter über den Boden. Von Westen her ordnete man zuerst die Scheune, dann die Stallungen mit der darüber liegenden Tenne an. Nach Osten hin, der einzigen

Hausseite mit einer hohen Mauer, schloß sich der Wohntrakt an. So traf die rauhe Witterung zuerst die Hecke, dann die Scheune, die im Winter mit Stroh, Heide und Heu gefüllt war. Was dann noch an kalter Luft durch die Ritzen zog, wurde vom Vieh aufgewärmt, ehe die „Wärme“ dann in die Wohn- und Schlafstuben zog.

Die Menschen in früheren Zeiten empfanden im Gegensatz zu uns, den Stallgeruch nicht als störend, sondern als zusätzliche kostenlose Wärmequelle.

Zu dieser klassischen West-Ost-Anordnung finden wir die verschiedensten Variationen. Da eine solche West-Ostausrichtung nicht immer möglich war, wurde der Schutz von Haustür und Fenstern gegen die Witterungsunbilden durch abgewinkelte Anbauten der Scheune, zusätzlicher Stallungen und Schuppen ebenso hergestellt wie durch den zusätzlichen Bau einer Mauer mit fränkischem Torbogen an der dritten Gebäudeseite, wie sie vor der Kriegszerstörung in Kesternich sehr reichhaltig vorhanden waren. Diese Merkmale treffen hauptsächlich auf das Eifelhaus zu, der Haustyp, der in der Region Simmerath bei den meisten Häusern zu finden ist.

Der Reichtum an diesen Variationen macht den größten Reiz aus, der vom Erscheinungsbild der Wohnhäusern an der oberen Rur ausgeht.

Funktion der Häuser

Bei den hier gezeigten Häusern handelt es sich fast ausnahmslos um Kleinbauernhäuser. Große Gehöfte finden wir in früheren Zeiten im Bereich der oberen Rur nicht. Ursächlich dafür war zunächst die im Westen Deutschlands vorherrschende Realerbteilung. Im Regelfall wurde nach dem Tode des Vaters dessen Besitz in gleichen Teilen an die Nachkommen vererbt. Da unsere Vorfahren meistens mehr als zwei Kinder hatten, entstanden im Laufe einiger Generationen bereits derart zerstückelte Ländereien und Kleinstbetriebe, die eine großflächig angelegte Landwirtschaft unmöglich machten.

Andere Ursachen für eine ausschließliche Entstehung von Kleinbetrieben lagen in der vorherrschenden, kalten und nassen Witterung, den steinreichen und wenig ergiebigen Böden sowie dem Fehlen zusätzlicher Düngemittel. Ein gewinnbringender Anbau von Obst, Gemüse und Getreide in größerem Ausmaß wie in den angrenzenden Ländern um Düren und Euskirchen war wegen der Bodenbeschaffenheit sowie der niedrigen Temperaturen und hohen Niederschlagsmengen an der oberen Rur nicht möglich. Darum wurde meist nur eine Milchwirtschaft betrieben, die aber so groß war, daß eine Eigenversorgung mit Milch und Milchprodukten sichergestellt und somit der Hauptanteil am Überlebensminimum erreicht wurde.

Das Haus diente in erster Linie als Unterkunft für die Menschen sowie als Schutz gegen die Witterungseinflüsse Nässe und Kälte, außerdem der Sicherung des Überlebens. Daraus ergab sich die Notwendigkeit zur Schaffung von Wohnraum, einer Koch- und Heizmöglichkeit, Einstellgelegenheit für Zugtiere und Milchvieh sowie Fleisch- und Eierlieferanten. Folglich mußte das Haus ebenso einen Stall für Pferd oder Ochse, Kuh, Schaf und Ziege beherbergen wie für Schwein, Kaninchen, Huhn, Hund und Katze.

Kühe als Zugtiere: oben beim Jauchetransport, rechts beim Ernteeinsatz

Da sich aus den Kleinbetrieben kein großer Reichtum erwirtschaften ließ, war das Pferd als Zugtier die Ausnahme. Meistens wurde ein Ochse oder gar eine stämmige Kuh als Zugtier eingesetzt. Die Fahrkuh war das wirtschaftlichste Zugtier, sie erfüllte zwei Aufgaben, die des Milchlieferanten und die des Zugtieres, sie verbrauchte jedoch nur eine Menge Futter.

Durch die beschriebenen Beschränkungen in der Größe der Landfläche bedingt, betrieben die meisten Familien der Region die Landwirtschaft nur als Nebenerwerb und die Männer fanden ihren Haupterwerb in einem Handwerk, als Fuhrmann,

Tagelöhner oder später in den Fabriken von Aachen, Düren, Lammersdorf und Monschau.

Eine weiterer Zweck des Hauses war die trockene Lagerung der Vorräte an Brenn-, und Streumaterial sowie das Futter für die Tiere. Der gesamte Scheunen- und Tennentrakt war zum Großteil als Heulager ausgerichtet, daneben fanden das Brennholz und das Streumaterial für den Boden des Kuhstalles, meist aus Heidekraut oder Stroh gewonnen, ihren Lagerplatz.

Der im Hohen Venn gewonnene Torf als Hauptbrennmaterial wurde fast ausnahmslos in speziellen luftigen Torfschuppen gelagert, um durch die ständige Durchlüftung eine bessere Trocknung des wichtigen Brennmaterials zu erhalten. Die auch im Aachener Revier geförderte Steinkohle war entweder mangels Transportmöglichkeit nicht zu beschaffen oder für die hiesige Landbevölkerung zu teuer. Bares Geld stand nur in sehr geringem Maße zur Verfügung.

Der Wohntrakt wurde dominiert durch den Kochraum, hierzulande „em Huus", hochdeutsch: (mitten) im Haus, genannt. Dieser Raum war das, was man heute Flur oder Diele nennt, der Raum, den man, von draußen kommend, als ersten betrat. Dessen Boden war durch Steinplatten befestigt, und unter dem offenen Kamin brannte ein Feuer. Über diesem Feuer hing der Kochkessel, so daß die vom Feuer erzeugte Wärme zunächst für die Zubereitung der Speisen genutzt wurde, ehe die sich ausbreitende Wärme die Wohnstuben im Parterre heizte. Die Wohnstuben im Parterre hatten als einzigen Luxus einen Holzfußboden und später auch eigene Öfen. Im Obergeschoß unter dem Stroh der Dacheindeckung befanden sich ungeschützt die Schlafstuben, die auch nicht geheizt wurden, lediglich der Kamin gab einen Teil der Restwärme aus dem abziehenden Rauch an diese Zimmer ab.

Simmerath

Namensdeutung „Rodung des Simon“

Ortsgeschichte:

- 1342 als Hof zu Semmenroede erste urkundliche Erwähnung
- 1802 durch die Franzosen zur Bürgermeisterei erhoben
- 1850 durch Preußen mit Lammersdorf zur „Samtgemeinde“ vereinigt
- 1896 Gründung der Molkereigenossenschaft Simmerath
- 15.06.1913 Grundsteinlegung des Krankenhauses
- 01.04.1936 Bildung des Amtes Simmerath mit den Gemeinden Simmerath, Lammersdorf und Vossenack
- Kriegzerstörung 79 %
- bis 13.12.1971 Amtsverwaltung
- 01.01.1972 Sitz der „Groß“-Gemeindeverwaltung Simmerath

Pfarrgeschichte:

- seit 1346 selbständige Pfarrei mit eigenem Pfarrer, somit zweitälteste Kirche nach Konzen im Monschauer Land
- 661 Kirchenvergrößerung durch Neubau des Chores
- 1842-1847 Neubau 2. Kirche
- 1897 großer Brandschaden am gesamten Kirchenschiff
- 1944 totale Beschädigung der Kirche durch Kriegseinwirkung
- 1952 Erhebung zum Dekanat Simmerath
- 13.12.1952 Einweihung der heutigen Kirche

Anzahl der Häuser:

1799: 105

Anzahl der Einwohner:

1551: 66 Steuerzahler
1800: 73
1908: 137 Familien
1950: 342 Familien

Simmerath Pfarrkirche – St. Johannes d. T .
von links: Hans Harperscheidt, Maria Jansen, Georg Jansen, im Hintergrund die Grossmutter Ww. Karoline Hammerschmidt
Foto Josef Harperscheidt im Juni 1932

Restaurant Ww. Josef Keischgens um 1910
von rechts: Ww. Keischgens, Sohn Josef, Tochter Therese, Sohn Klemens gef. 1914-1918, Tochter Elisabeth
Foto Margarethe Dressen

Haus-Wilhelm Braun Bickerath (Mechels-Arnoldse)
von links: Tochter Maria, Ehefrau Maria geb. Harperscheidt
Im Kriege 1944 abgebrannt, heute im Besitz von Marc Jansen
Anfang 20er Jahre
Foto Klara Küppers

Anwesen Hubert Jansen und Ehefrau Gertrud geb. Braun (Gillesjes Hubert)
v. links:
Maria Jansen,
Josef Jansen,
Hubert Jansen,
Klemens Stollenwerk gef. 4. Dez. 1942,
Fr. Gertrud Jansen im Jahre 1920.
Durch Kriegseinwirkung im Sept. 1944 abgebrannt, in den 50er Jahren wieder aufgebaut, heutiger Besitzer August Jansen
Foto Georg Jansen

RAD –
Reichsarbeitsdienst-Lager in Paustenbach
Mitte der 30er Jahre
1944 total zerstört
Foto Georg Jansen

RAD-Lager in Bickerath erbaut 1937, ebenfalls 1944 total zerstört
Foto Georg Jansen

Krieger Ehrenmal
1914-1918.
Erbaut im Jahre 1937,
Einweihung 24. Okt. 1937.
Planung Professor Pfeil von der RWTH Aachen,
Bauaufsicht Architekt Ewald Heeren aus Simmerath,
Bausausführung die Gebrüder Hammerschmidt Josef, Robert und Johann
Foto Otto Junker

Die Pfarrkirche St. Johannes d. T. Simmerath und das alte Pastorat, Ostansicht 1940
Das weiss gekälkte Haus musste damals auf Grund einer Luftschutzmassnahme im 2. Weltkrieg mit Tannengrün getarnt werden.

Die Pfarrkirche St. Johannes d. T. Simmerath und das alte Pastorat, Ostansicht 1940 vorne links Anwesen der Eheleute Alois und Maria Offermann geb. Braun, Bickerath auf der Auelt Foto Josef Haas

Johannes Kapelle am alten Standort am grossen Marktplatz, erbaut 1665

SÜDWESTANSICHT DER KIRCHE,
RECHTS ANWESEN VON JOSEF PAUSTENBACH,
HEUTE KARL HAAS 1940, SIMMERATH
BRUCHSTR.

ANWESEN VON JOSEF NIEHSEN
(ALTER KÜSTER) HAUPTSTR.
IM HINTERGRUND HAUS HEINRICH
HAAS 1940

Haus von Nikolaus
und Luise Steffens
Simmerath 1918
von Christine Carl Schnitzler
erworben, dann Geschäft von Josef
Schnitzler u. Sohn Rudolf,
heute Raiffeisenbank Simmerath

Anwesen Fr. Gertrud Henn
geb. Stollenwerk auf der
Bever Witzerath dann Besitzer
Christine u. Robert Peters,
heute Tochter Marianne u.
Paul Jansen

Anwesen Christian Stolz
und Frau Maria (Jörrges Arnoldse)
nach dem Krieg abgerissen,
heute Tankstelle Hermanns

Anwesen Balbina Paustenbach auf dem Teilland
Simmerath 1940.
Im Krieg zerstört und nicht
wieder aufgebaut

Innenhof von Balbina's Haus 1940
Zweigeteilte Haustür. Der obere Teil blieb im Sommer meistens offen, zwecks besserer Durchlüftung des Hauses

Totalansicht des Anwesens von Balbina Paustenbach, rechts Haus der Geschwister Stollenwerk Maria und Alois (Zeje), links Polizeigebäude

Anwesen Hubert Gottfried (Nies-Geräts) 1940, Haus wurde abgerissen
Winkelbauanlage, vorne Pferdekarren

Anwesen Heinrich Haas
Hauptstr. 65, Simmerath
heute Erich Haas
Winkelhofanlage erbaut 1781

Anwesen Josef und Agnes Braun
(Zefosse), Bruchstr., Simmerath
1940,
das Haus wurde abgerissen

Anwesen Josef Niesen
(Köstisch alde Köster)
1940, Simmerath
Haus wurde im Krieg zerstört und später wieder aufgebaut,
Besitzer heute Rolf Hoch
vorne Josef Niesen beim Sensendengeln

Anwesen Arnold Braun
(Peartz Nöllche)
1940, Simmerath
ehemalige Schulstr., heutige Schmiedstrasse 18, heutiger Besitzer Helmut Braun

Anwesen Leo Henn 1940 in der Hauptstr. – im Hintergrund Anwesen Josef Stollenwerk (Eschhuppertz), im Krieg zerstört. Heute steht dort die Kreissparkasse. Das Anwesen Henn wurde nach dem Krieg abgerissen. Später wurde dort ein Doppelhaus von Vinzenz Braun und Adolf Henn errichtet. An dieser Stelle befindet sich heute eine Videothek und die Buchhandlung Holtmann.

Anwesen Bernhard Haas
Hauptstr. (Bäste)
1940, Simmerath
heute Kaufhaus Michael Haas
rechts Gasthof Braun
links Anwesen Erich Haas

Anwesen Geschw.
Huppertz, Anna und
Settche (Hecke-Albertz)
1940, rechts Gasthof
Schröder,
heutiger Besitzer
Gustav Peters
Mieter: Drogerie Servais

Anwesen Josef Jansen (Jänsje)
Simmerath, Bruchstr. 23
1940,
im Hintergrund das Anwesen der Geschwister Peters (Paulesse) im Kriege abgebrannt
Am Hause Jansen ist auch die Tarnung mit Tannengrün zu erkennen
heute Bruchstr. 10

Anwesen Josef Niehsen (Halefese) ehm. Schulstr.
1940, Simmerath
heutiger Besitzer
Albrecht Poschen
heute Schmiedstr. 12

Anwesen Robert Schmidt am Marktplatz
1940, Simmerath
Haus brannte im Jahre 2004 ab

Anwesen Robert Braun
Simmerath Bickerather-str. (Auesse)
1940, Bäckerei
Besitzer heute Karl Braun
vorne Buchenholz-scheite zu erkennen
- zum Beheizen des Backofens
heute Bickerather Str. 3

Anwesen Hubert Braun
Hauptstr.
(Martinches)
1940,
Besitzerwechsel
1941 Josef Motter erwarb das Haus und baute nach dem Krieg dort ein Mehrfamilienhaus

Anwesen Heinrich Haas Simmerath Hauptstr. 65 1940 (Haas Hendrisch), Besitzer heute Erich Haas, links Bäckerei Josef Haas, rechts Bernhard Haas
typisch war die Einfriedung der Häuser durch Bruchsteinmauern. Da die Bruchsteine benötigt wurden, verwendeten die Amerikaner nach dem Einmarsch 1944 diese für die Reparatur der Strassen.

Simmerath's Pfarrkirche um 1940, aufgenommen von Bickerath aus

Die Simmerather Mühle um die Jahrhundertwende, wurde 1944 total zerstört und später wieder aufgebaut von der Familie Offermann, danach öfter Besitzerwechsel
Foto Georg Jansen

Aufnahme der zerstörten Pfarrkirche 1946, vorne rechts der Glockenstuhl mit der Glocke, die die Zerstörung heil überstanden hatte.
Foto Georg Jansen

Friedenskreuz auf der Paustenbacher-Höhe. Es wurde aus Anlass einer Mission im Oktober 1947 errichtet. Die Anlage war Teil des Westwalls. Die Kuppelbunkeranlage wurde erst im Jahre 1948 gesprengt, dafür musste das 1947 errichtete Friedenskreuz umgelegt und später wieder aufgerichtet werden.

Anwesen Josef Breuer, dieses Haus war 1940 bewohnt von Martin Schmitz und Frau Karoline, wurde durch Kriegseinwirkung beschädigt, rechts im Hintergrund das Anwesen der Ww. Gerards, heute Ernst Gerards. Aufnahme stammt aus dem Jahre 1953. Heute Musikhaus Breuer. Foto Georg JUansen

ʒickerath

ʼrtsgeschichte:

- 1334 erste urk. Erwähnung
- zur Bürgermeisterei Simmerath gehörig
- Kriegszerstörung 78 %

ʼfarrgeschichte:

- immer zur Pfarre Simmerath gehörig

.nzahl der Häuser:

1908: 29 Häuser

.nzahl der Einwohner:

1908: 38 Familien
1950: 69 Familien

Anwesen Josef Gillessen (Schmötz-Schniedisch) Bickerath 1940,
spätere Besitzer waren Josef Wolf und Frau Martha geb. Gillessen. Das ganze Anwesen wurde vor einigen Jahren verkauft. Besitzer heute Thorsten und Marion Flechtner

e Bickerather str.
940,
nks Anwesen Geschwister
tollenwerk , Anna, Nella,
obert,
eute K. Heinz Goffart und
rau Anita

aus Stollenwerk
940, Bickerath
oststelle und Restaurant,
orderansicht
ie beiden Pfeiler an der
infahrt stammen aus der
lten Pfarrkirche die 1897
bbrannte.

Bickerather Schutzhecken im Jahre 1940

Witzerath

Ortsgeschichte:

- 1369 erste urk. Erwähnung als Witzenrot
- zur Bürgermeisterei Simmerath gehörig
- Kriegszerstörung 78%

Pfarrgeschichte:

- immer zur Pfarre Simmerath gehörig

Anzahl der Häuser:

1908: 27 Häuser

Anzahl der Einwohner:

1551 ein „Lentzs van der Weitzerraedt“ als Steuerzahler genannt
1908: 35 Familien
1950: 30 Familien

Bei der Ermittlung der Angaben zu den abgebildeten Häusern aus Witzerath waren mir Herr Emil Haas und seine Ehefrau Anna geborene Müller behilflich, denen ich dafür herzlich danken möchte.

Anwesen Geschwister Maria und Margarete Hermes Witzerath, Rollesbroicher Str. 1940.
Im Krieg abgebrannt.
Neu aufgebaut von Karl Wilden und Ursula Wilden

Anwesen Josef Hermes Witzerath Rollesbroicher Str. im Jahre 1940

ANWESEN RICHARD BRAUN UND FRAU ELISABETH GEB. KEISCHGENS, IM HINTERGRUND DAS ANWESEN VON JOSEF HAAS (AAFMÖLER)

ANWESEN WW. PETERS WITZERATH (SCHEELEPAULE-E), HEUTIGE BESITZER SIND DIE FAMILIEN NEUMANN UND EICHMANN

Anwesen Mathilde Brau
(Albertse Mathild)
1940,
im Krieg abgebrannt,
in den 50er Jahren hab
die Erben (Hasewiesjes)
auf dem Grundstück ein
Scheune errichtet

Anwesen Ewald Gerards und Frau
Mathilde geb. Braun
1940,
im Krieg schwer zerstört,
in den 50er Jahren wieder aufgebaut,
heutiger Besitzer Karl Braun und
Frau Kornelia geb. Scheidt

AS GLEICHE ANWESEN VON DER
ÜDSEITE AUS MIT DER KNORRIGEN
CHUTZHECKE
OTO OTTO JUNKER

So sah das Haus nach der Zer-
störung aus
Foto Georg Jansen

Paustenbach

Ortsgeschichte:

- 1361 erste urkundliche Erwähnung als Puystenbach
- zur Bürgermeisterei Simmerath gehörig
- Kriegszerstörung 19%
- April 1966 Einweihung der neuen Schule

Pfarrgeschichte:

- seit Ortsgründung zur Mutterkirche Simmerath gehörig
- 1804 der Pfarre Lammersdorf zugeordnet
- 1806 wieder zur Pfarre Simmerath abgeordnet
- 1871 Bau einer Kapelle, die 1946 zerstört wurde
- 1958 Neubau der Kapelle
- seit 1952 zum Dekanat Simmerath gehörig

Anzahl der Häuser:

1799: 32

Anzahl der Einwohner:

1551: ein „ Pustenbachs Clais “ als Steuerzahler genannt
1908: 26 Familien
1950: 114 Familien

Bei der Ermittlung der Angaben zu den abgebildeten Häusern aus Paustenbach war mir Frau Klara Küppers geborene Matheis behilflich, der ich dafür herzlich danken möchte.

Anwesen Ww. Anna Matheis
Paustenbach Nr. 19
1940,
heutiger Besitzer die Enkelin Gisela Matheis

Anwesen Josef und Gertrud Wilden
Paustenbach Nr. 3
1940

Innenhof des Anwesens
Paustenbach Nr. 3
1940

ɅNTON HERMANNS PAUSTENBACH
ɱ VENN SCHANKWIRTSCHAFT
940,
EUTIGER BESITZER
AMILIE PETER GRAS

Johann und Pauline Beisicht,
Paustenbach Nr. 30
1940,
heute im Besitz von
Anna Spicher

Hans Beisicht
Strassenansicht

Anwesen Peter Wilden
Paustenbach Nr. 26
1940,
heute im Besitz von
Esther Hilger

Anwesen Peter Wilden
Paustenbach Nr. 20
1940,
heute im Besitz der
Kinder Elisabeth,
Ulrich und Felix

ANWESEN ALOIS UND MARGARETE KEISCHGENS PAUSTENBACH NR. 24, HEUTIGER BESITZER FAMILIE BLANKENHEIM

ANWESEN WW. GERTRUD CHLASSEN PAUSTENBACH NR. 5
1940,
HEUTIGER BESITZER WW. ELISABETH TISCHER

Anwesen Karl Keischgens und
Frau Dorothea
Paustenbach Nr. 14,
heute im Besitz von P. Decker

nwesen Werner Braun
nd Frau Katharina geb.
atheis
austenbach Nr. 7
940,
esitzer heute Karl Braun
nd Frau Christel

Anwesen Josef Wilden und Frau Pauline geb. Titz Paustenbach 1940.
Das Haus wurde abgebrochen und neu aufgebaut, heute im Besitz von Fr. Dr. Dorothea Sasse

Huppenbroich

Ortsgeschichte:

- 1516 erste urkundliche Erwähnung als Hoypenbroich
- 1635 bis 1640 von der Pest heimgesucht
- zur Bürgermeisterei Simmerath gehörig
- Kriegszerstörung 87 %

Pfarrgeschichte:

- seit Ortsgründung zur Mutterkirche Simmerath gehörig
- 1947 Bau einer Kapelle
- seit 1952 zum Dekanat Simmerath gehörig

Anzahl der Häuser:

1641 als Folge der Pest 6 leerstehende Häuser

Anzahl der Einwohner:

1795: ca. 230 Einwohner
1908: 38 Familien
1950: 114 Familien

Bei der Ermittlung der Angaben zu den abgebildeten Häusern aus Huppenbroich waren mir Herr Josef Kessel (†) sowie Karl-Josef Senden und seine Ehefrau Else behilflich, denen ich dafür herzlich danken möchte.

Anwesen Emil Schröder
(Niesjes)
Huppenbroich
1940,
Besitzer heute Klaus un
Birgit Thoma

Schutzhecke am
Hause von Emil
Schröder 1940

Anwesen Josef Scheidt mit Schutzhecke Huppenbroich
1940
(Trinches), Besitzer heute Petra und Jens Wunderlich

Innenhof der Hauses Josef Scheidt 1940

Anwesen Josef Niehsen auf der Kuhl in Huppenbroich Nr. 37
1940 (Allwiese),
Eigentümer heute Andreas Kessel

Anwesen Josef Niehsen (Bessjuppe)
Huppenbroich Nr. 38
1940,
heutiger Eigentümer Ww. Maria Dückers

Anwesen Josef Henn (Alberte)
Huppenbroich Nr. 31
1940,
im Krieg abgebrannt,
wiederaufgebaut,
Eigentümer Karl Josef Henn

Haustür Gastwirtschaft Franz Schröder
(Leiepohls-Franz)
Huppenbroich
1940,
Besitzerin heute Maria Hoss

Anwesen Matthias Toussaint
Huppenbroich Nr. 15
1940,
wurde abgerissen,
Neubau von Sohn Kurt Toussaint

Anwesen Alfons Henn (Alberte)
Huppenbroich
1940,
Eigentümer heute Stefan und Susanne Backhaus

Anwesen Josef Peters
(Hüppertches)
Huppenbroich Nr. 5
1940,
Besitzer heute Willi Harzheim

nwesen Josef Scheidt und Frau
a geb. Huppertz (Trinches)
940,
rsteckt hinter der
chutzhecke

ALTE SCHULE IN HUPPENBROICH 1940, DAMALS HJ-HEIM UND SA-SCHULUNGSSTÄTTE

ANWESEN GESCHW. SCHEIDT
HUPPENBROICH NR. 27
1940,
WURDE ABGERISSEN,
NEUBAU DURCH ERICH SCHEIDT

Anwesen Albert Schmidt (Anne)
Huppenbroich Nr. 4
1940,
heutiger Besitzer Karl Heinz
und Frau Stefanie Huppertz

Anwesen Hensen
Huppenbroich Nr. 3
1940,
im Krieg abgebrannt,
Neubau durch Fritz
Hensen

Innenhof des Hauses Emil Schröder (Niesjes)
Huppenbroich
1940,
Besitzer heute Klaus und Birg
Thoma

Anwesen Peter Josef Hermanns auf der Kuhl in Huppenbroich Nr. 30
1940,
1944 abgebrannt,
Neubau durch Hans-Dieter Bongard

nwesen Geschw. Gilles-
en ist nach dem Krieg
icht mehr aufgebaut wor-
en, gegenüber von Haus
rich Bernes

nwesen Anna Löhrer
uppenbroich Nr. 29
940,
eutiger Besitzer Frau Meiers

Anwesen Familie Offer-
mann
Huppenbroich Nr. 12
1940,
Besitzer heute Thomas
Matheis

Haus Geschw. Scheidt mit
Einfahrt
Huppenbroich Nr. 27,
wurde abgerissen,
Neubau durch Erich Scheidt

Haus Ludwig Senden, Huppenbroich Nr. 7, heutiger Besitzer Alfons Niehsen und Frauu Irmgard, Foto 1940

Lammersdorf

Namensdeutung „Grenzort Lambertusdorf“

Ortsgeschichte:

- 1361 erste urkundliche Erwähnung als Lamberscheydt
- 1802 durch die Franzosen zur Bürgermeisterei erhoben
- 1850 durch Preußen mit Simmerath zur „Samtgemeinde“ vereinigt
- 1924 Gründung der Firma Junker
- 01.04.1936 dem Amt Simmerath zugeordnet
- Kriegszerstörung 23 %
- 01.01.1972 der Gemeinde Simmerath zugeordnet

Pfarrgeschichte:

- 1690 Erwähnung einer eigenen Kapelle
- 1705 Neubau einer Kirche
- 1801 Neubau der zweiten Kirche
- bis 1804 zur Mutterkirche Simmerath gehörig
- seit 1804 selbständige Pfarrei
- seit 1952 zum Dekanat Simmerath gehörig

Anzahl der Häuser:

1799: 110

Anzahl der Einwohner:

1551: ein „Gerett uff Lamerstorff“ als Steuerzahler genannt
1800: 613
1908: 107 Familien
1950: 476 Familien

Bei der Ermittlung der Angaben zu den abgebildeten Häusern aus Lammersdorf waren mir die Herren Werner Peters, Alois Lorbach (†) sowie Alfred Läufer behilflich, denen ich dafür herzlich danken möchte.

Lammersdorf Nr. 26
Anwesen Leonard Messen,
in der damaligen Kirchstr.

Lammersdorf Nr. 24
Anwesen Josef Haye,
Kirchstr.

Lammersdorf Nr. 17
Werner Mathar (A-Jöcke),
Bergstr.

Lammersdorf Nr. 19
Frau Franziska Strauch
(Bottertinesse Franziska)
Schiessgasse

Lammersdorf Nr. 19
Anwesen Fr. Franziska Strauc
Schiessgasse

Lammersdorf Nr. 19
Anwesen Franziska Strauch Scheune Westseite,
Schiessgasse

Lammersdorf Nr. 17
Anwesen Werner Mathar
(a-Jöcke), Bergstr.

Lammersdorf Nr. 16
Anwesen Josef Jansen (a Schniedisch)
Bergstr.

Lammersdorf Nr. 17
Anwesen Werner Mathar (A-Jöcke)

Lammersdorf Nr. 15
Anwesen Paul Läufer
(Scheelepaulese)
Bergstr.

Lammersdorf Nr. 14
Anwesen Maria Müllejans
Bergstr.

Lammersdorf Nr. 10
Anwesen Hubert Strauch
(Börbe Scheele)
Bergstr.

Lammersdorf Nr. 9
Anwesen Hubert Genter,
Kinder Josef, Ewald, Maria, Alois
(a-Schlempe)
Bergstr.

Lammersdorf Nr. 10
Anwesen Hubert Strauch
Bergstr.

Lammersdorf
Nr. 10-14-15
v.l. Hubert Strauch,
Maria Müllejans und
Paul Läufer
Bergstr.

Lammersdorf Nr. 30
Ww. Johnen und Sohn Erwin
Johnen (a-Pietsches)
Krämerstr.

Lammersdorf Nr. 125
Anwesen Josef Titz
Krämerstrasse

Lammersdorf o. Nr.
Anwesen Josef und Engelbert Siebertz, erb. 1774
Kirchstr.

Lammersdorf Nr. 47
Anwesen Anna Jansen
(Faltisch Annche)
Kirchstr.

ammersdorf Nr. 33
nwesen Berta und
sefine Linzenich
hriste-Drüggene)
rchstr.

Lammersdorf
Dorfstr. Kirche,
Wilhelm Johnen und Josef Braun
Kirchstr.

Lammersdorf Nr. 51
Anwesen Baptist Siebertz
Kirchstr.

LAMMERSDORF NR. 61
THEODOR KREITZ (KREETZE DORES)
KIRCHSTR.

LAMMERSDORF NR. 61
ANWESEN THEODOR KREITZ
KIRCHSTR.

Lammersdorf Nr. 65
Anwesen Willems Gretche und Paulinche
Kirchstr.

Lammersdorf Nr. 65
Anwesen Willems
Kirchstr.

Lammersdorf Nr. 80
Anwesen Klemens Graff
Hoscheiter Strasse

mmersdorf Nr. 52
nwesen Hubert Breuer
hnhofstrasse

Lammersdorf Nr. 59
Anwesen Peter Koll (A-Köllsches)
Kirchstr.

Lammersdorf Nr. 112
Anwesen Albert Titz
Sonntagsstr.

AMMERSDORF NR. 110
NWESEN ALOIS KREUTZ UND FRAU ANNA,
EB. FÖRSTER
ONNTAGSSTR.
EIM BRAND DER „STROHDACHSIEDLUNG“
947 ZERSTÖRT

MMERSDORF NR. 110
NWESEN KREUTZ, INNENHOF
ONNTAGSSTR.

Lammersdorf Zollsiedlung, Sonntagsstr.
„Strohdachsiedlung“
durch einen Grossbrand 1947
zerstört.
Im Vordergrund:
Herta Hürtgen

Lammersdorf
Otto Junker, 1972
Jägerhausstrasse

Rollesbroich

Ortsgeschichte:

- 1361 erste urkundliche Erwähnung als Nieder-Rollesbroich
- immer zur Bürgermeisterei Simmerath gehörig
- Kriegszerstörung 81 %

Pfarrgeschichte:

- 27.11.1852 Geburt der seligen Maria Helene Stollenwerk
- 1858 erster Kirchenbau, eine andere Quelle sagt:
- 16.01.1869 1. Kapelle vollendet
- 1873 neue Glocken beschafft
- 1907 eigene Verwaltung als Rektorat
- 01.01.1919 selbständige Pfarrei
- seit 1952 zum Dekanat Simmerath gehörig
- 1954 Fertigstellung der jetzigen Kirche

Anzahl der Häuser:

1799: 79 Häuser
1872: 83 Häuser

Anzahl der Einwohner:

1551: 28 Steuerzahler
1800: 439 Einwohner
1872: 397 Einwohner
1908: 94 Familien
1950: 270 Familien

Bei der Ermittlung der Angaben zu den abgebildeten Häusern aus Rollesbroich, Silberscheid und Kallbrück waren mir Frau Balbina Breuer und Herr Willi Gussen behilflich, denen ich dafür herzlich danken möchte.

MARTIN WILDEN,
DORFSTR. NR. 55, 1940

ALOIS STOLLENWERK,
DORFSTR. NR. 54, 1940

Hubert Lennatz,
später Ludwig Völl,
Dorfstr. Nr. 53, 1940
wurde abgerissen,
später wieder aufgebaut

ugust Koll,
rfstr. Nr. 61, 1940

Engelbert Gehlen,
Fuhrtgasse Nr. 30, 1940

Engelbert Gehlen,
Fuhrtgasse Nr. 30, 1940

Josef Bongard,
Fuhrtgasse Nr. 28, 194

Bernhard Strauch,
Dorfstr. Nr. 14, 1940

Peter Niessen,
Dorfstr. Nr. 22, 1940

Braun Alois,
Steinrötschstr. Nr. 67, 1940

Albert Strauch,
Steinrötschstr. Nr. 65, 1940

Albert Strauch,
Steinrötschstr. Nr. 65,
1940

Albert Niessen,
Steinrötschstr. Nr. 75, 1940

Alois und Maria Harperscheidt,
Nr. 68, 1940
Hahnenberg

Josef Breuer,
Dorfstr. Nr. 49, 1940

Bernhard Strauch,
Dorfstr. Nr. 14, 1940

Kalltalsperre, Werksfoto der Fa. Otto Junker

Kallbrück

Haus- und Gaststättenanlage wurde 1944 zerstört und nicht wieder aufgebaut
1906: 2 Familien als Einwohner

Silberscheidt

- um 1789 erbaut von einer Familie Jung
- 1835 von der Familie Breuer erworben
- 1925 Eigentümer Familie Feder
- später Familie Ewald Keischgens
- heutiger Besitzer Familie Raimund Löhrer

Haus in Kallbrück wurde in den Kriegsjahren 1944/45 vollkommen zerstört und nicht wieder aufgebaut. In den früheren Jahren war in dem Haus auch eine Gaststätte, Spaziergänger, Viehtreiber (Viehtrieb von der Eifel nach Düren) machten dort Rast und waren gern gesehene Gäste. Der letzte Inhaber war eine Familie Heck.

Silberscheidt, Gehöft, 1940

Silberscheidt,
Südansicht von Rollesbroich her,
1940

Silberscheidt,
Innenhof, 1940

SILBERSCHEIDT,
GESCHLOSSENE HOFANLAGE,
1940

SILBERSCHEIDT,
ERB., UM 1789, 1835 ERWARB DIE FAMILIE BREUER AUS ROLLESBROICH DEN HOF VON JUNG, DEN VORFAHREN DER ERSTEN FRAU BREUER. 1925 STARB DER LETZTE BREUER, SEITDEM IST DER HOF IN BESITZ VON JOHANN FEDER, DANACH EWALD KEISCHGENS UND HEUTIGER BESITZER DER SCHWIEGERSOHN RAIMUND LÖHRER.

‹esternich

‹tsgeschichte:

- 100-150 als Kastell „Castriniacum“ durch die Römer gegründet
- 1334 erste urkundliche Erwähnung
- 1635 bis 1640 von der Pest heimgesucht
- 1802 durch die Franzosen zur Bürgermeisterei mit den Orten Strauch und Steckenborn erhoben
- 27.09.1850 Einführung der preuß. Gemeindeordnung in der Gemeinde Kesternich
- 25.03.1851 Bildung der Samtgemeinde Kesternich zusammen mit Steckenborn und Strauch
- 01.04.1936 Bildung des Amtes Kesternich zusammen mit den Gemeindeämtern Ruhrberg und Schmidt
- vor der Kriegszerstörung 1944 durch viele fränkische Torbögen gekennzeichneter Ort
- Kriegszerstörung 92 %
- 31.01.1961 Einweihung neues Rathaus
- bis 31.12.1971 Sitz der Amtsverwaltung Kesternich
- 01.01.1972 der Gemeinde Simmerath zugeordnet

arrgeschichte:

- 18.03.1717 Grundsteinlegung 1. Kapelle
- bis 1804 zur Mutterkirche Simmerath gehörig
- 1804 Erhebung zur Pfarre
- 1899 Grundsteinlegung der 2. Kirche
- seit 1952 zum Dekanat Simmerath gehörig

ızahl der Häuser:

1640 als Folge der Pest 17 leerstehende Häuser
1799: 110 Häuser

ızahl der Einwohner:

1551: 91 Steuerzahler
1800: 608 Einwohner
1906: 750 Einwohner
1950: 400 Familien

Bei der Ermittlung der Angaben zu den abgebildeten Häusern aus Kesternich waren mir die Herren Ernst Jansen, Helmut Stiel (†) und Vinzenz Cremer (†) behilflich, denen ich dafür herzlich danken möchte.

Peter Wilhelm Küpper,
Gasthof um 1910

Gasthof Peter Wilhelm
Küpper 1940

Gasthof Jousten
im Kriege 1944/1945 zerstört

ESTERNICH
ORFSTRASSE,
CHTS LÖHRER,
NKS FRINGSCHES
PP

Agnes Gerard
Nr. 140, 194

Josef Breidenich,
(Fringsches Jupp)
Nr. 16; 1940

Josef Breidenich
(Fringsches Jupp)
heute K.J. Henn
Bundesstr. 45

Josef Keichgens,
Kesternich Nr.22; 1940

Peter Arnolds,
Kesternich Nr. 15; 1940

August Rollesbroich,
Kesternich Nr.25; 1940
im Vordergrund ein
typischer gestützter
Telefonmast aus der
Vorkriegszeit

Gasthof Jousten,
Kesternich Nr. 65
mit Marien Kapelle; 1940

Gasthof Jousten,
Kesternich Nr. 65 mit Torbogen

Gasthof Jousten, Innenhof; 1940

Ida und Leo Breidenich, Kesternich Nr. 96; 1940

Ida und Leo Breidenich, Kesternich Nr. 96; 1940

…ststätte
…ter Wilhelm Küpper,
…sternich Nr. 100,
…40

Gaststätte Küpper,
Torbogen und Innenhof, Nr. 100; 1940

Peter Keischgens,
Vater Hubert Keischgens Kesternich; 1940

Lenchen und Karoline Wynands
Kesternich; 1940

Wegekreuz an der Rurberger Strasse; 1940

Gasthof
Peter Wilhelm Küpper um 1910

Gasthof Peter Wilhelm Küpper
Kesternich Nr. 100; 1940

Anwesen Familie Peters um 1910, Mehl- und Kunstdüngerhandel, danach im Besitz von Herbert Cremer.

Strauch

er Name leitet sich entweder ab: vom „Smytt am Struch“ aus der Steuerliste 1551 oder von nem Wirt namens Servos Stroch, gest. 1742

rtsgeschichte:

- in der Nähe des Dorfes, im Buhlert, wurden Reste einer römischen Siedlung ausgegraben
- 1361 erste urkundliche Erwähnung als Ober-Rollesbroich
- 1802 durch die Franzosen der Bürgermeisterei Kesternich zugeordnet
- 27.09.1850 Einführung der preuß. Gemeindeordnung in der Gemeinde Strauch
- 25.03.1851 Beiordnung zur Samtgemeinde Kesternich
- 1896 Gründung der Molkereigenossenschaft
- 01.03.1936 dem Amt Kesternich zugeordnet
- Kriegszerstörung 51 %
- 01.01.1972 der Gemeinde Simmerath zugeordnet

farrgeschichte:

- eine Glocke von 1567 ist noch vorhanden
- 1846 bis 1850 belegter Bau einer ersten Kirche
- 1850 Rektorat
- 01.05.1908 Erhebung zur selbständigen Pfarre
- 1921 bis 1923 Bau der zweiten Kirche
- 1931 Turmbrand nach Blitzschlag
- 20.09.1944 Sprengung des Kirchturms durch die SS
- seit 1952 zum Dekanat Simmerath gehörig

nzahl der Häuser:

1799: 65 Häuser

nzahl der Einwohner:

1551: 70 Steuerzahler
1800: 360 Einwohner
1906: 511 Einwohner
1950: 290 Familien

Bei der Ermittlung der Angaben zu den abgebildeten Häusern aus Strauch waren mir Herr Stefan Koll und seine Ehefrau Irma geborene Johnen behilflich, denen ich dafür herzlich danken möchte.

Strauch Nr.6 –
Alois Breuer
(Eartsches)

Strauch Nr.5 –
Küpper Hermann

Strauch Nr.9 – Herbert Breuer

Strauch Nr. 33 – August Küpper

Strauch Nr.29 –
Alois Breuer (Stellmacher)

Strauch Nr.89 –
Ferdinand Braun
(Ferdimännches)

Strauch Nr. 94 –
Josef Stollenwerk (Wil-lemches)

trauch Nr. 112 –
eter Breuer (am Pohl)

Strauch 118 –
Maria Hammerschmidt
(op der Hof)

Strauch Nr.118 –
Maria Hammerschmidt

Strauch Nr.121 –
Geschwister Johnen

Strauch Nr.121 –
Maria, Anna,
Josefine

Strauch
Nr. 104 –
Josef Kr

Strauch
Nr. 104 –
Josef Krapp

Strauch Nr.120 – Paul + Agnes Schurz (Stellmacher)

:auch Dorfstrasse mit
:ken; vorne l. Gebr.
bert und Fam. Josef
aun, rechts Karl
nnig.

Strauch Dorfstrasse mit Kirche

rauch Nr. 77 –
eschwister Braun,
duard Tekla usw.

Strauch Nr. 75 –
Aloysius Braun
(Fränzjes)

Steckenborn

Ortsgeschichte:

- 1505 erste urkundliche Erwähnung als Steckelborn
- 1802 der Bürgermeisterei Kesternich zugeordnet
- 27.09.1850 Einführung der preuß. Gemeindeordnung in der Gemeinde Steckenborn
- 25.03.1851 Beiordnung zur Samtgemeinde Kesternich
- 01.03.1936 dem Amt Kesternich zugeordnet
- Kriegszerstörung 54 %
- Juni 1966 Einweihung der neuen Schule
- 01.01.1972 der Gemeinde Simmerath zugeordnet

Pfarrgeschichte:

- 1702 Bau einer ersten Kapelle
- bis 1804 zur Mutterkirche Simmerath gehörig
- 1804 Erhebung zur eigenen Pfarrei
- 1905/06 Neubau der Kirche
- seit 1952 zum Dekanat Simmerath gehörig

Anzahl der Häuser:

1799: 90 Häuser

Anzahl der Einwohner:

1551: ein „Thonis am Steckelborn“ als Steuerzahler genannt
1800: 470 Einwohner
1906: 391 Einwohner
1950: 258 Familien

Bei der Ermittlung der Angaben zu den abgebildeten Häusern aus Steckenborn und Hechelscheid waren mir die Herren Gustav Schmiddem und Josef Neuss sowie Herr Bruno Lennarz und seine Ehefrau Irene geborene Bongard behilflich, denen ich dafür herzlich danken möchte.

Steckenborn Nr.58 – Hans Wilhelm Hardt (Hardte Wellem)

Steckenborn Nr.58 –
Hans Wilhelm Hardt

ECKENBORN NR.64 –
US JOSEF JOHNEN
UHRE)

Steckenborn Nr.64 –
Haus Josef Johnen (Fuhre Jupp)

Steckenborn Nr.0 –
Haus Alois Braun
(Schusstisch)
spätere Besitzer Kinder Maria und Luise Braun

Steckenborn Nr.35 -
Haus Peter Lennarz (Paulese Petter)

Steckenborn Nr.5 –
Arnold Harzheim (Pölle – Arett)

Steckenborn Nr.0 – Besitzer Johann Johnen, damals als bewohnt von Hube[illegible] Lennarz. Haus wurde abgerissen, Neubau durch Schwi[illegible]gersohn Josef Neuss.

Steckenborn Nr.7 – Haus Hubert Krumpen (Krumps Hus)

Steckenborn Nr. 7 –
Haus Hubert Krumpen,
Rückenansicht

Steckenborn Nr. 10 –
Haustür mit Balkeninschrift
Anno 1760 den 3, Junius I MCB,
Eheleute Matthias Paustenbach

Steckenborn Nr. 10 –
Haus Mattias Paustenbach

Steckenborn Nr. 10 –
Haus Mattias Paustenbach

Steckenborn Nr.0 – Haus Hermann Winter, später Sohn Josef (Harre Jupp)

Neues Haus im alten Gewande, das Heim der Hitler-Jugend (HJ) in Steckenborn, Ende 30er Jahre Foto Otto Junker

łechelscheid

ɪrtsgeschichte:

- 1802 durch die Franzosen der Bürgermeisterei Dedenborn zugeordnet
- 1836 Rurberg zugeordnet
- 1957 nach Volksabstimmung Teil der Gemeinde Steckenborn (Schulbesuch immer in Steckenborn)

farrgeschichte:

immer zur Pfarrgemeinde Steckenborn gehörig

nzahl der Einwohner:

1616: 79 Einwohner
1908: 69 Einwohner

Hechelscheid Nr. 18 + 17 –
Haus Hubert Krüttgen links,
Haus Matthias Krüttgen rechts
(a-Kröttches)

Hechelscheid Nr. 17 –
Haus Peter Braun (Roberse Pitt)

Hechelscheid Nr. 12 –
Haus rechts Wilhelm Lennarz
(Lengse Arrets)
Fuhrwerk Wilhelm Lennarz links
Haus Alois Braun (A-Wisse)

chelscheid Nr. 10-13 –
hte Ecke Rest des
uses erb. 1716, das
rde abgerissen. Haus
nz Stollenwerk
errets)

Hechelscheid Nr. 9 – Leo Offermann (a-Mechels) später die Söhne Leo und Alois

Hechelscheid Nr. 2 – Haus links Geschwister Apollonia und Margarete Braun. Haus rechts Peter Poschen (Thomese Pitt)

jfnahme aus dem
hre 1924, abholen
ier neuen Glocke auf
m Bahnhof Lammers-
rf, Zwischenstation
Josef Haas in Witze-
th, beim Aafmöler.
to Bruno Lennarz

Aufnahme aus dem Jahre 1924,
Inschrift auf der Tafel:
Erinnerung an die Abholung der
neuen Glocke durch
Hechelscheidter Jünglinge
1924.

Auf dem Weg von Lammersdorf (Bahnhof) nach Steckenborn.
Zwischenstatition in Witzerath bei Josef Haas „dr Aafmöler".
Dort wurde das Ereignis im Bild festgehalten.

Vorne rechts: Josef Polis, Leopold Franzen, Hubert Stollenwerk, Wilhelm Lennarz
Im Hintergrund: Peter Poschen
Links mit Stock: Matthias Krüttgen
Dahinter: Hubert Krüttgen

Die beiden Jungen am Zaun sind Söhne von Josef Haas. Von rechts: Josef und Paul.
Beide sind im letzten Krieg gefallen, ebenso Bruder Richard.

꞉schauel

·rtsgeschichte:

- 1361 erste urkundliche Erwähnung
- 1850 zur Bürgermeisterei Schmidt gehörig
- 1955-59 der Aufstockung des Rursees geopfert

·farrgeschichte:

zur Pfarre Schmidt gehörig, darum

- 1689 Abtrennung von der Mutterkirche Simmerath
- 1804 wurde Schmidt selbständige Pfarre

·nzahl der Häuser:

1906: 5 Häuser

·nzahl der Einwohner:

1906: 5 Familien

Bei der Ermittlung der Angaben zu den abgebildeten Häusern aus Eschauel waren mir Ferdi Nießen, Schmidt, Heinrich Nießen und Frau Magdalena geborene Poschen †, Schmidt sowie Wolfgang Offermann, Schmidt, behilflich, denen ich dafür herzlich danken möchte.

Eschauel o.Nr. -
Anwesen Franz Hilgers, Haus ist
Ende der 30er Jahre abgebrannt.

Eschauel o.Nr. –
Doppelhaus vorne August Poschen, hinter Fr. Veronika
Naas, links Wirtschaftsgebäude

Eschauel o.Nr. – Geschwister Hilgers, beim Bau der Talsperre abgebrochen worden.

Gedenktafel für die tödlich verunglückten Arbeiter beim Bau der Staumauer in Schwammenauel.
Erster Ausbau 1934-1938
Zweiter Ausbau 1955-1959
Foto Georg Jansen

Voffelsbach

rtsgeschichte:

- 1516 erste urkundliche Erwähnung als Woffelsauel
- 1802 durch die Franzosen der Bürgermeisterei Dedenborn zugeordnet
- 1850 mit Dedenborn zur Gemeinde Ruhrberg eingemeindet
- 01.03.1936 dem Amt Kesternich zugeordnet
- Kriegszerstörung 21 %
- 01.01.1972 der Gemeinde Simmerath zugeordnet

farrgeschichte:

- 1911/12 Bau der Wendelinus-Kapelle
- der Pfarrei Rurberg zugehörig
- seit 1952 zum Dekanat Simmerath gehörig

nzahl der Häuser:

1799: 41 Häuser

nzahl der Einwohner:

1800: 226 Einwohner
1908: 214 Einwohner
1943: 223 Einwohner
1950: 53 Familien

Bei der Ermittlung der Angaben zu den abgebildeten Häusern aus Woffelsbach waren mir Wwe. Adelheid Cremer und ihr Sohn Erwin Cremer behilflich, denen ich dafür herzlich danken möchte.

Woffelsbach Nr.26 –
Haus Peter Gottfried (Klösjes Petter)

Woffelsbach Nr.34 –
Türe Haus Robert Frantzen (Fumme)

WOFFELSBACH NR.27 –
HAUS PETER MARX (KLUSE PETTER)

WOFFELSBACH NR.6 –
DURCHBLICK ZUM INNENHOF VON HAUS
ANDREAS CREMER (AUGUSTINCHES)

Woffelsbach Nr.6 –
„Der Segen des Herrn sei bei uns, in diesem Haus was uns selig ist.“ Franzis Nissen und seine Ehefrau Maria Brevers Domino Anno 1778 den 16. März. Andreas Cremer (Augustinches)

Woffelsbach Nr.6 –
Haus Andreas Cremer (Augustinches)

Woffelsbach Nr. 8 –
Haus Ignaz Bongard
(Orich)

offelsbach Nr. 9 –
aus Peter Cremer links,
etsches)

Woffelsbach Nr. 9 –
Haus Peter Cremer (Pietsches)

Woffelsbach Nr. 18 –
Haus Arnold Gottfried (Paullins)

Woffelsbach Nr. 17 –
Haus Alois Breuer (A-Flietze)
Geburtshaus von Fr. Haas Witzerath (Aafmöller)

)ffelsbach Nr. 18 –
us Arnold Gottfried
ullins)

Woffelsbach Nr.17 –
Haus Alois Breuer,
Vorbesitzer Paul
Lauscher (Birkste Paulu

Woffelsbach Nr.18 –
Toreingang zu Haus Nr.18
Arnold Gottfried

FFELSBACH NR.18 –
ENHOF HAUS 18 ARNOLD
TTFRIED

WOFFELSBACH NR.21 –
HINTER DEM HAUS ALTER FRIEDHOF
DER MENNORITEN UND EVANGELICHEN;
HAUSEIGENTÜMER FAMILIE FRINGS
(A-FRINGSE)

WOFFELSBACH NR.21 –
HAUS EIGENTÜMER FAMILIE FRINGS,
MIETER JOSEF KRUMPEN.
GEBURTSHAUS FRAU BERNHARD HAAS
SIMMERATH (A-FRINGSE)

WOFFELSBACH NR.21 –
HAUS FRINGS – INNENHOF (A-FRINGSE)

Woffelsbach Nr.33 –
Haus Robert Frantzen
rechts hinten,
links Paul Lutterbach
(A-Fumme)

›ffelsbach o. Nr. –
›chts Haus Ferdinand Breuer,
›ks Paul Lutterbach,
›hinter Hubert Breuer

Woffelsbach Nr.34 –
Haus Robert Frantzen

Woffelsbach Nr.34 –
Haustüre 16. April 1663

'offelsbach Nr.32 –
aus Robert Breuer, Inschrift im Türbalken Johann Bongarts
„einsam Weiden MAN Anno 1672

Woffelsbach – Bauer beim Eggen

Woffelsbach Nr.24 –
Haus Ww. Haas erb. 1670,
(„Haase Drüg“)

Woffelsbach Nr.24 –
Stein mit der Jahreszahl 1670,
Haus Ww. Haas

Woffelsbach Nr.26 – N.6.
Philipp Dietrich Franzen und Maria Schnetzers, Eheleute bauten dies Haus im Namen des Herrn 1752 den 27. März

Woffelsbach Nr.26 –
Haus Peter Gottfried (a-Klösjes)

Woffelsbach Nr.27
Haus Peter Marx (Lusee Petter)

Woffelsbach Nr.25 –
Haus Paul Breuer (A-Jerrets)

Woffelsbach Nr.6 –
Haus Peter breuer (A-Augustinches)

)ffelsbach –
te Frauen auf dem
imgang von der Kirche

Woffelsbach Nr.25 –
Haus Paul Breuer, 4 Frauen,
von links: Maria Schütt, Kath.
Breuer, Gerturd Haas, Kath.
Jansen.

Woffelsbach –
Zwei Woffelsbacher, von links:
Kath. Breuer und Albert Cremer.

Woffelsbach Nr.32 –
2. Haustüre des Doppelhauses
Peter Breuer (A-Plisse)
(Therese Petter)

)ffelsbach –
rfstrasse im Unterdorf

Woffelsbach Nr.34 –
Hofecke mit Backbau,
Inschrift D.W.I B Anno 1663
den 16. April – Robert Franz
(a Fumme)

Woffelsbach Nr.34 –
2-teilige Tür mit Sonnenmotiv
M.F. Anno 1869,
Fam. Lutterbach (a-Lennerze)

…offelsbach Nr.36 –
…rdinand Breuer (a-Jerettse)

Woffelsbach Nr.36 –
Massiver Bruchsteinkamin im Giebel, Ferdinand Breuer (a-Jerettse)

Woffelsbach Nr.38 –
Haus Christin Meder

Woffelsbach Nr.33 –
Haus Theo Frantzen (a-Fumme)

Woffelsbach Nr. 21 –
rechts im Berghang der alte Fried-
hof der Mennoriten.

ffelsbach –
r alte Friedhof hinter
m Haus

Woffelsbach am See in den 70-iger Jahren

Wendelinus-Kapelle,
Woffelsbach vor 1945, Innenansicht

ʔurberg

ʳrtsgeschichte:

- 1491 erste urkundliche Erwähnung des Baldiunshof
- 1516 erste urkundliche Erwähnung als „op demme Berge“
- 1635 bis 1640 von der Pest heimgesucht
- 1802 durch die Franzosen mit dem Ort Pleußhütte Erhebung zur Bürgermeisterei
- 27.09.1850 Einführung der preuß. Gemeindeordnung in der Gemeinde Ruhrberg
  zusammen mit Dedenborn und Woffelsbach
- 01.03.1936 dem Amt Kesternich zugeordnet
- Kriegszerstörung 49 %
- 01.01.1972 der Gemeinde Simmerath zugeordnet

ʳarrgeschichte:

- 1700/01 Bau einer ersten Kapelle
- bis 1804 zur Mutterkirche Simmerath gehörig
- 1804 selbständige Pfarrei
- 1907 Erweiterungsbau der Kirche
- seit 1952 zum Dekanat Simmerath gehörig

ʼnzahl der Häuser:

1640: als Folge der Pest 9 leerstehende Häuser
1799: 62 Häuser

ʼnzahl der Einwohner:

1800: 342 Einwohner
1908: 418 Einwohner
1943: 440 Einwohner
1950: 222 Familien

Bei der Ermittlung der Angaben zu den abgebildeten Häusern aus Rurberg war mir Herr Adi Leister+ behilflich, dem dafür herzlich gedankt sei.

Nr. 6 –
Inschrift des Türbalkens: Anno 1702, 10. May MY Pax – huic Domini et omnibus habitantibus in ea – Paul Horgen m
Ehefrau Anna (Geschw. Leister, Lestisch)

Nr. 70 –
Haus der Geschw. Dederichs, Bollard (Köstisch)

Nr. 69 –
1731 Haus Henn

. 67 –
us Lorenz Lauscher

Nr. 38 –
Haus Ewald Braun
(Brungs Ewald)

Nr. 4 –
Toreinfahrt Hotel Paul Hilgers

Nr. 4 –
Innenhof Hotel Paul Hilgers

:. 4 –
er Segen des Herrn
bei uns“ Nelles
hann und Petersche
lla, Anno 1667

NR.6 –
DURCHGANG ZUM INNENHOF, BESITZER GESCHW. LEISTER

NR. 6 –
DIE INSCHRIFT LAUTET: PAX HUIC DOMINI ET OMNIBUS HABITAN-BUS IN EA PAUL HORGEN MIT EHEFRAU ANNA (GESCHW. LEISTER, HEUTE ADI LEISTER)

Nr. 6 –
Haus und Stalltür
auf der Bank der Ertrag der
Kartoffelernte

r. 6 –
nenhof des Hauses der Ge-
hw. Leister mit Haus- und
alltür und Scheunentor.
nks das Haus des Polizei-
isters Hilger (später einmal
fgestockt,
ute Adi Leister)

Nr. 65 –
Haus Christian Wirtz, Elternhaus der Ehefrau geb. Breuer, heute Franz Wirtz

Nr. 67 –
Haus Lorenz Lauscher (heute Ruine)

Nr. 69 –
1731 Haus Josef Henn
(heute Ruine)

. 69 –
us Josef Henn, Haustür

NR. 70 –
HAUS DER GESCHW. DEDERICHS, BOLLARD (KÖSTISCH)

NR. 71 –
LETZTER BEWOHNER: LAMBERT SCHÖLLER

Nr. 76 – aus Wilhelm Hardt (Jörres)

Nr. 58 –
Haus Johann Hürtgen,
heute Egon Hürtgen

Nr. 58 –
Haus Johann Hürtgen (auf dem Stein)

Nr. 55 –
Haustür

Nr. 56 –
Haustür

ʀ. 49 –
ᴀus Johann Meder,
ꜱchrift des Türbalkens
r Kellertür im Inneren
ɪleserlich bis auf die
hreszahl 1607
ᴀs Haus zeigt rechts
ätere Anbau

Nr. 49 –
Haus Johann Meder, Inschrift des Türbalkens der Kellertü
im Inneren unleserlich bis auf die Jahreszahl 1607

Nr. 49 –
Innenhof und Haustür
(Anno 1607)

Nr. 47 –
Haustür

Abzweigung der Strasse nach
Woffelsbach
Herrmann Bongard, heute
„Eifeler Hof“

NR. 24 –
BREUERS HOF,
HAUS WERNER CREMER
(NACH DER AUFSTOCKUNG DER STAUMAUER ABGERISSEN)

NR. 27 –
HAUS PAUL KARBIG, DER AUFSTOCKUNG WIE BEI NR. 30 ZUM OPFER GEFALLEN

o. Nr. –
Haus Klemens Hardt, Fuchsloch

. 38 –
ꞏus Ewald Braun
rungs Ewald)

Nr. 35 –
Haus Alfons Meder

o. Nr. –
Haus Wilhelm Jansen & Bruder Hubert (seine Frau war Hebamme)

o. Nr. –
Haus Wilhelm Jansen

Nr. –
aus Wilhelm Jansen, Innenhof

Nr. 58 –
Haus Johann Hürtgen mit Backstube und Scheune, heute Egon Hürtgen

Nr. 58 –
Haus Johann Hürtgen, heute Egon Hürtgen

Nr. 56 –
Häuser von Peter und Robert Jansen

Nr. 38 –
Haus Ewald Braun (Brungs Ewald)

Angler auf der Rurtalsperre

Badesee,
Anfang der 60er Jahre

Rurberg am See in den 60er Jahren

ick auf Ober- und Bade-
e (60er Jahre)

Blick auf Rurberg in den 60er Jahren

Rurberger Kirche in den 60er Jahren

der Badesee in den 60er Jahren

der Obersee in den 60er Jahren

Staumauer und Überlauf in den 60er Jahren

Blick auf den Obersee in den 60er Jahren

Zentralstätte russ. Ehrenfriedhof der Toten, zwischen 1941-1945

[…]fnahme von Rurberg aus den […]er Jahren

Badesee und Kinderplanschbecken in den 60er Jahren

Idylle am Rursee

:inruhr

'rtsgeschichte:

- 1580 erste urkundliche Erwähnung als „Niclais Brück“
- 1802 durch die Franzosen der Bürgermeisterei Wollseiffen im Kanton Schleiden zugeordnet
- Kriegszerstörung 36 %
- 01.01.1972 der Gemeinde Simmerath zugeordnet

farrgeschichte:

- 1749 Bau einer Kapelle
- bis 1864 zur Mutterkirche Wollseiffen gehörig
- 1864 Erhebung zur eigenen Pfarrei
- 1910 Bau der ersten Kirche
- 1949 Neubau der Kirche
- 1952 Gründungsmitglied des Dekanates Simmerath
- 1957-1973 zum Dekanat Gemünd beigeordnet
- 1973 wieder dem Dekanat Simmerath zugeordnet

nzahl der Häuser:

1908: 53 Häuser

nzahl der Einwohner:

Bei der Ermittlung der Angaben zu den abgebildeten Häusern aus Einruhr und Pleußhütte war mir Frau Anneliese Steffen geborene Schurz behilflich, der ich dafür herzlich danken möchte.

EINRUHR NR. – 1943 RICHARD LEISTER (A-KATTERBACHS)

EINRUHR NR. – 1943 JOSEF ? WOLLGARTEN, HEUTE THEO WOLLGARTEN

ᴾleußhütte

·rtsgeschichte:

- 1564 erste urkundliche Erwähnung
- 1802 von den Franzosen der Bürgermeisterei Rurberg zugeordnet
- zur Verwaltung Dedenborn gehörig
- Kriegszerstörung 29 %
- der ganze Ort ist in den fünfziger Jahren dem Bau des Obersees geopfert worden

'farrgeschichte:

gehörte zur Pfarre Einruhr

nzahl der Häuser:

1908: 14 Häuser

nzahl der Einwohner:

1908: 79 Einwohner
1943: 76 Einwohner
1950: 32 Familien

Pleushütte Nr.1 –
Bernhard Wollgarten

Pleushütte Nr.3 –
Karl Wollgarten
(a-Zeeje) und
Paul Jansen,
Pittches Päulesje

Pleushütte Nr. –
1943 Reinhold Cremer
(a-Tinessche)

.eushütte Nr.6 –
einrich Hüpgen (a.-Schustich)

Pleushütte Nr. 12 –
Ferdinand Breuer
(au Hacks)

Pleushütte Nr. 6 –
Johann Paul Schütt (Corts)

Pleushütte Nr.5 –
Willi Wollgarten
(a-Schrüdich)

Pleushütte Nr.5
Haustüre mit Balkeninschrift Anno Domini 1634 den 7.3.;
Willi Wollgarten (a-Schrüdich)

Pleushütte o.Nr. – Hinter der hohen Fichte lag ehemals die Eisenhütte
Haus Heinrich Hüpgen

;eifenauel

›rtsgeschichte:

- 1549 erste urkundliche Erwähnung
- 1802 durch die Franzosen der Bürgermeisterei Dedenborn zugeordnet

'farrgeschichte:

immer zu Dedenborn gehörig

nzahl der Einwohner:

1906: 8 Familien

Bei der Ermittlung der Angaben zu den abgebildeten Häusern aus Rauchenauel und Seifenauel waren mir die Herren Bernhard Jansen und Karl Heinz Jäger (†) behilflich, denen ich dafür herzlich danken möchte.

SEIFENAUEL – BLICK AUF DEN ORT

SEIFENAUEL
ANWESEN BONGARD, ERB. 1890
(NIESJES AGNES)

Seifenauel –
Anwesen Franz Schröder,
heute Franz Hürtgen

ifenauel Nr.6 –
erhard Bongard (Jule Gerret)

Seifenauel Nr.8 –
Anwesen Geschwister Josef und Therese Löhrer

Seifenauel o.Nr. –
Anwesen Karl Bongard (Thünnese)

Seifenauel Nr. 12 – Anwesen Johann Bongard (a-Fritzjes)

Seifenauel Nr. 12 – Anwesen Johann Bongard (a-Fritzjes)

Seifenauel Nr.12 –
Rückansicht des Hauses
„Am Thünnes“ am ehem.
Begräbnisplatz

Seifenauel Nr.6 –
Anwesen Gerhard Bongard
(Jule Gerret)

Rauchenauel

Ortsgeschichte:

- 1549 erste urkundliche Erwähnung
- 1802 durch die Franzosen der Bürgermeisterei Dedenborn zugeordnet

Pfarrgeschichte:

immer zu Dedenborn gehörig

Anzahl der Einwohner:

1906: 13 Familien

Bei der Ermittlung der Angaben zu den abgebildeten Häusern aus Rauchenauel und Seifenauel waren mir die Herren Bernhard Jansen und Karl Heinz Jäger (†) behilflich, denen ich dafür herzlich danken möchte.

Rauchenauel Nr.22 –
Anwesen Franz Schütt (a-Polizeiss)

Rauchenauel Nr.22 –
Anwesen Franz Schütt
(a-Polizeiss)

Rauchenauel o.Nr. –
Anwesen Albert Koll (a-Kolls)

Rauchenauel Nr.21 –
Anwesen Geschwister Karl
und Eva Jansen

Rauchenauel Nr.22 –
Anwesen Franz Schütt (A-Polizeis

Rauchenauel –
Blick auf beide Ortsteile 1960
– Rauchenauel und Seifenauel

Dedenborn / Ölmühle

Ortsgeschichte:

- 1802 durch die Franzosen zur Bürgermeisterei mit den Orten Rauchenauel, Seifenauel, Hechelscheid und Woffelsbach erhoben
- bis 1836 selbständige Gemeinde, dann durch den Bürgermeister von Ruhrberg mitverwaltet.
- 1850 mit Woffelsbach offizieller Beitritt zur Gemeinde Ruhrberg
- 01.03.1936 dem Amt Kesternich zugeordnet
- 01.01.1972 der Gemeinde Simmerath zugeordnet

Pfarrgeschichte:

- 03.05.1717, 1. Kirche errichtet als Ersatz für die vorher vom „Langen Wellem“ errichtete Michaeliskapelle
- 1721 Errichtung eines Taufsteines
- 12.09.1758 Weihe der ersten Glocken
- 1758 bis 1764 Errichtung des Kreuzweges aus 15! Eichenschnitzereien
- 1770 Anbau einer Sakristei
- bis 1804 zur Mutterkirche Simmerath gehörig
- 1804 selbständige Pfarre
- 1945 Pfingsten Wiedereinzug in die heutige Pfarrkirche
- 12.09.1948 Weihe der neuen Glocken
- seit 1952 zum Dekanat Simmerath gehörig
- 1970/72 Erweiterungsbau der Kirche

Anzahl der Häuser:

1799: 63 Häuser

Anzahl der Einwohner:

1551 ein „Gerett van Drimboren“ als Steuerzahler genannt
1800: 340 Einwohner
1906: 370 Einwohner
1943: 305 Einwohner
1950: 147 Familien

Bei der Ermittlung der Angaben zu den abgebildeten Häusern aus Dedenborn und Ölmühle waren mir Wwe. Katharina Wollgarten geborene Carl (†) sowie Tochter Marieta und Herr Karl Heinz Jäger (†) behilflich, denen ich dafür herzlich danken möchte.

Hubert Bongard,
heute Sohn Herbert

Hubert Bongard Innenhof

Dedenborner Kirche, erbaut 1717

Ferdinand Löhrer,
Gast- und Schankwirt

Ferdinand Löhrer, Dorfstrasse

Emil Bongard und Schwester Gertrud

Familie Pleus,
heute Josef Gillessen

osef Offermann Dorfstrsse

Josef Offermann,
ältestes Haus in Dedenborn

Blick auf Dedenborn,
1940-41

Geschwister Jörres, Netta, Regina, Martha

astwirtschaft Johann Schröder

Kirche in Dedenborn erbaut 1717,
Auf dem Turm ein Hahn,
auf dem Kirchenschiff ein Huhn.

Rurtal bei Dedenborn,
Blick auf Rauchenauel, Seifenauel,
Foto v. E. Traubenkraut
Ettingen 1965.

Blick von Dedenborn gegen Kesternicher Höhenrücken, Foto von E. Traubenkraut Ettingen 1965.

Oelmühle im Tiefenbachtal erbaut im 16. Jahrhundert

Oelmühle im Tiefenbachtal, Foto 1940

Hammer

Ortsgeschichte:

- Nachweis von Siedlungen und Werkzeugfunde aus der Steinzeit
- zur Bürgermeisterei Eicherscheid gehörig
- 1650 Bau eines Hammerwerkes
- 1831 alte Kapelle wird nach Umbau zur 1. Schule
- 01.04.1936 dem Amt Imgenbroich zugeordnet
- Kriegszerstörung 52 %
- 1956 Einweihung der neuen Schule
- 1964 Inbetriebnahme des Campingplatzes
- 01.01.1972 der Gemeinde Simmerath zugeordnet

Pfarrgeschichte:

- 1650 : Bau einer ersten Kapelle
- 1713 Abtrennung von Pfarrkirche Konzen
- 1862 Bau der Rektoratskirche St.Bartolomäus
- seit 1952 zum Dekanat Simmerath gehörig

nzahl der Häuser:

1799: 28 Häuser

nzahl der Einwohner:

1800: 155 Einwohner
1906: 35 Familien
1950: 54 Familien

Bei der Ermittlung der Angaben zu den abgebildeten Häusern aus Hammer waren mir Herr Willi Lauscher und seine Schwester Marlene behilflich, denen ich dafür herzlich danken möchte.

Hammer Nr. o.N. –
Kirche und Schule

Hammer Nr.3 –
Haus Peter und Matthias Jansen
(Antönches)

Hammer Nr. 2 –
Arnold Frings

Hammer Nr. 2 –
Haus Arnold Frings,
Viehtreiber Hubert Pier

Hammer Nr. 12 –
Gerhard Arnolds
(Lennertz Gerret)

Hammer Nr. 13 –
Geschwister Arnolds (Nöllches)

Hammer Nr.19 –
Erich Dederichs (Andrese)

[H]ammer Nr.22 –
[J]ohann Carl
[S]cheele Johanns)

Hammer Nr. 23 –
Hubert Lennartz
(Decke Pauelse)

Hammer Nr. 25 –
Geschwister Offermann
(Makories)

Hammer Nr.27 –
Witwe Kaulard (Arretz)

Hammer Nr.27
Witwe Kaulard (Arretz)

Hammer Nr.27 –
Witwe Kaulard (Arretz)

Hammer am Hüttenley,
ehem. Hammerwerk,
später Mühle

1950 FÄLLEN DER „KÖNIGSBUCHE“ IM STAATSFORST BEI HAMMER. DIE BUCHE WAR ÜBER 200 JAHRE ALT

ÄLLEN DER „KÖNIGSBUCHE“ ND PFLANZUNG EINER NEU- N BUCHE DURCH EWALD RUMBECK IM STAATSFORST AMMER 1950. ÜBER DAS ESCHEHEN IST BEIM GEMEIN- FORSTAMT IMGENBROICH EIN LM VORHANDEN.

Rurtal bei Hammer, Blick von der Uhusley

Schulhaus in Hammer,
Mitte 30er Jahre

Eicherscheid

Ortsgeschichte:

- um 200 römische Hausanlage, gefunden in der Flur Bongert
- 1100 vermutlich Bau der Ölmühle Tiefenbachtal
- 1306 als Eygenscheydt 1. Spur einer urkundlichen Erwähnung
- 1400 Gründung durch erste Siedler aus Frohnrath (heute: Gericht)
- 1463 erste urk. Erwähnung
- 1635 bis 1640 von der Pest heimgesucht
- 1819 Bau erster Schule
- Bau der zweiten Schule (heute Sparkasse)
- 27.09.1850 Einführung der preuß. Gemeindeordnung in der Gemeinde Eicherscheid
- 01.04.1936 dem Amt Imgenbroich zugeordnet
- 1854 Anfänge des Vereinslebens, Musikverein Eifelklänge
- 1859-1963 Wallfahrt nach Moresnet wegen Choleragefahr
- 1896 Gründung der Konsumgenossenschaft
- 1910 Fertigstellung der Molkerei
- Kriegszerstörung 82 %
- 1950 erneute Grundsteinlegung der Schule (heute Sparkasse)
- 1953 Einweihung Dorfgemeinschaftshaus
- 1953 Schließung der Molkerei
- 1966 Neubau Sportplatz an der Bachstraße
- 1967 Einweihung neue Schule Bachstraße
- 1970 Eröffnung einer Zweigstelle der Kreissparkasse
- 01.01.1972 Zuordnung zur Gemeinde Simmerath
- 1978 Schließung der Grundschule

Pfarrgeschichte:

- um 1650 angenommene eigene Kapelle
- 02.09.1685 Einweihung 1. Kirche St Luzia
- 1686 Abtrennung von der Mutterkirche Konzen
- 1698 selbständige Pfarrei
- 1713 endgültige Abtrennung Eicherscheid und Hammer von Konzen
- 17787 Anbau eines Kirchenturmes
- 1791 im Juli Glockenweihe
- 1843 und 1945 neue Glocken
- 1846 Bau einer Orgel
- 1933 Neubau der zweiten Kirche

- 1938 Anschaffung einer neuen Orgel
- 1952 Neubau der 3. Kirche
- seit 1952 zum Dekanat Simmerath gehörig

Anzahl der Häuser:

1480: bis 18 Feuerstellen (Häuser) in Eytscheit
1550: über 50 Feuerstellen
1640/41 als Folge der Pest 20 leerstehende Häuser
1799: 112 Häuser
1815: 150 Haushaltungen

Anzahl der Einwohner

1480: 80-90 Einwohner
1550: mehr als 200 Einwohner
1551: 58 Steuerzahler
1800: 618 Einwohner
1815: 850 Einwohner
1908: 182 Familien
1950: 379 Familien

Bei der Ermittlung der Angaben zu den abgebildeten Häusern aus Eicherscheid waren mir Herr Theo Heiler und seine Ehefrau Trude behilflich, denen ich dafür herzlich danken möchte.

Eicherscheid –
Haus Paul Hoch
(Hochpautze)

Eicherscheid –
Haus Paul Hoch
(Hochpautze)

Eicherscheid –
Haus Paul Hoch (Hochpautze)

Eicherscheid
Nr. 101 –
Haus wurde abgerissen, heute steht dort das Gemeinschaftshaus Bachstrasse Nr. 9

Eicherscheid –
Mühle aus dem 13. Jahrhundert,
umgebaut 1704

Eicherscheider Mühle –
Aufnahme 1940

Eicherscheider Mühle – Haustüre 1704

Eicherscheid Nr. 1 – Haus Familie Jerusalem, damals und heute

Eicherscheid Nr.4 –
Doppelhaus Familie Arnolds
(Hüpertches)
in 3. Generation,
Quirinus Offermann
(a Crinches)

Eicherscheid Nr.5 –
a Piesch, (Breefträjesch)

Eicherscheid Nr. –
Haus Jakob Jansen (a Jockemes)
heute Stollenwerk, Briefträger
in Simmerath

Eicherscheid Nr.31/32
Doppelhaus Nr.31
Johann Förster
(an des Jannes)
Fa. Schreiner Gerh.

Eicherscheid Nr.39 – Haus Matthias Peter Heck und Frau Katharina Abel (Abels)

Eicherscheid Nr.41 – Haus Andreas Küpper (a Köstich-Dreese)

Eicherscheid Nr.42 –
Haus Geschwister Kaulard
(a-Isaaks)

Eicherscheid Nr.42 –
Haus Geschwister Kaulard
(a–Isaaks)

Eicherscheid Nr.44 –
Haus servatius Koll (a–Vösse)

ıcherscheid Nr.45 –
ıaus Nikolaus Kaulard,
ıeute Winfried Löhrer,
ı-Möllich)

Eicherscheid Nr.47 –
Haus Kaulard , heute Christian Isaak (a-Möllich)

Eicherscheid Nr. –
Haus Paulus Förster (a-Peuss)

Eicherscheid Nr. 145 –
Haus Adolf Küpper
(a-Adolfese)

Eicherscheid Nr. 144 –
Haus Johann Scheidt
(a-Meartsches)

Eicherscheid Nr. 144 – Haus Johann-Michael Scheidt (a.-Meartsches)

Eicherscheid Nr. 143 – Haus Franz Mathar (a-Mathasch)

EICHERSCHEID NR. 140 –
HAUS HILARIUS JOST
(A-JOSTE)

EICHERSCHEID –
GEBURTSHAUS VON AGNES
JANSEN

Konzen

älteste nachweisbare Siedlung und Mutterkirche
des Monschauerer Landes

Ortsgeschichte:

- 888 erste urk. Erwähnung als Hof Compendium und später Verwaltungssitz der Region
- seit 1802 zur Bürgermeisterei Imgenbroich gehörig
- 27.09.1850 Einführung der preuß. Gemeindeordnung in der Gemeinde Conzen
- 04.03.1851 der Samtgemeinde Imgenbroich zugeordnet
- 1874 Gründung des ersten Musikvereins im Monschauer Land
- 01.04.1936 dem Amt Imgenbroich beigeordnet
- Kriegszerstörung 79 %
- 01.01.1972 zur Stadt Monschau eingemeindet

Pfarrgeschichte:

- 1160 Bau einer Kirche nachdem die Pankratiuskapelle zu klein geworden war
- 15. Jh. Umbau der bestehenden Kirche
- 1950 Neubau nach der Kriegszerstörung

Anzahl der Häuser:

1799: 120

Anzahl der Einwohner:

1800: 662
1908: 201 Familien
1950: 454 Familien

Bei der Ermittlung der Angaben zu den abgebildeten Häusern aus Konzen waren mir Herr Franz Huppertz und seine Ehefrau Irma geborene Schreiber (†) (Hardt-Mathese) sowie Herr Johann Schmitz behilflich, denen ich dafür herzlich danken möchte.

Konzen Nr. 129 – Geschlossene Hofanlage, Besitzer Oskoar Frings, erbaut 1754

Konzen Nr.3 – Anwesen Johann Call (a-Lenz-Jenesse)

Konzen –
Friedhof mit alten Grabsteinen

Konzen –
St. Pankratius
Kapelle auf Karoling
Grundlage

Konzen Nr. 68 –
Anwesen August Huppertz
(a-Berches),
später Sohn Karl
heute Manfred Jansen

Konzen Nr.60 –
Anwesen Peter Schreiber
(a-Hör-Pitt)
Landstrasse, später Trierer
Strasse

Konzen Nr. 101 –
Anwesen Heinrich Werker,
Breitestrasse,
später Sohn Alois

Konzen Nr. 100 –
Anwesen Klemens Krings,
Breitestrasse

Konzen Nr. 100 –
Anwesen Klemens Krings, Breitestrasse

Konzen Nr. 107 –
Anwesen Heinrich Huppertz,
Nachfolger Kessel,
später Hursel
(a-Börbe)
Breitestrasse

Konzen Nr. 121 –
Anwesen Wilhelm Rader, Blumgasse
(a-Leopolds Wellem)

Konzen –
Stillbuschhof erbaut
571, völlig umgebaut
im letzten Viertel des
9. Jahrhunderts

KONZEN NR. 129 –
GESCHLOSSENE HOFANLAGE,
BESITZER OSKAR FRINGS, ERBAUT 1754

KONZEN NR. 129 –
HAUSTÜRE MIT INSCHRIFT:
HABEN DIESES HAUS AUF-
GERICHTET AM 18. AUGUST
1754

Konzen Nr. 133 –
Anwesen Geschwister Förster
(a-Justins)

Konzen Nr. ? –
Jentges, später Josef Hild,
Anwesen Blumgasse

Konzen Nr.120 –
Anwesen Wilhelm Offermann, Blumgasse
(a-Deresjes Wellem)

Konzen Nr.120 –
Anwesen Wilhelm Offermann, Blumgasse
(a-Deresjes Wellem)

KONZEN NR. 122 –
ANWESEN HECK GERRETS,
BLUMGASSE ECKE BREITESTRASSE

KONZEN –
HAUSTÜRE DES UNBEWOHNTEN UND
VERFALLENEN HAUSES ERKENS

Konzen Nr.107 –
Anwesen Josef Hursel,
Breitestrasse

Konzen Nr. 105 –
Anwesen Johann Palm

Konzen Nr. 104 –
Anwesen Wilhem Huppertz,
später Sohn Josef Breitestrasse,
(Wöllches Wellemches)

Konzen Nr. 101 –
Weissdornkranz am Haus
von Heinrich Werker

Konzen Nr.89 –
Anwesen Johann Huppertz (A-Jans-Johann)

Konzen Nr.97 –
Anwesen Josef Gillessen,
Breitestrasse

KONZEN NR.95 –
ANWESEN HARZWURM
(A-HERZWURMS)
SPÄTER ADOLF KRINGS

KONZEN NR.68 –
ANWESEN AUGUST HUPPERTZ, SCHULSTRASSE (A-BORCHES)
SPÄTER SOHN KARL, HEUTE MANFRED JANSEN

Konzen Nr.3 –
Anwesen Johann Carl (a Lenze Jenesse)

Konzen Nr.3 –
östliche Giebelwand des Hauses
Johann Carl,
(a Lenz-Jenesse)

Konzen Nr.5 –
Gastwirtschaft Schartmann

Konzen Nr.5 –
Gastwirtschaft Schartmann

Konzen Nr.63 –
Anwesen Heinrich Esser, erbaut 1821, im Kriege völlig zerstört, dann Neubau Land- Trierer Strasse (a-Moanesse Henche)

Konzen Nr.60 –
Anwesen Peter Schreiber gegenüber Bäckerei Isaak, Land-Trierer Strasse

Konzen Nr.53 –
Anwesen Heinrich Krings, erbaut 1620 Hohestrasse, später Hermann Josef Huppertz

Konzen Nr.53 –
Haustüre und Balken mit Inschrift Haus Heinrich Krings, erbaut 1620

Konzen Nr.77 –
Anwesen Geschwister
Blumensath,
Hohestrasse
(a-Scheelches)

Konzen Nr.48 –
Anwesen Josef
Huppertz,
Hohestrasse
(a-Berg-Jusefs)

Konzen Nr.35 –
Anwesen Wilhelm Schütt,
später Sohn Robert,
Am Lutterbach
(a-Wellemches)

Konzen Nr.33 –
Anwesen Müllenmeister,
Nachfolger Josef Classen
Am Lutterbach

Konzen – Paktratiuskapelle erbaut um 1400

Konzen – Pfarrkirche Nordseite

Konzen –
Pfarrhaus ehemalige Kurpfälzische residierende Forstrente Beamten

Konzen –
Pfarrkirche St. Pankratius Ostseite

Konzen –
Pfarrkirche St. Pankratius
Ostseite

Konzen –
Pfarrkirche St. Pankratius
Ostseite

Konzen – Pfarrkirche St. Pankratius mit Chorfenster

Konzen – Paustenbacher Venn 1953

Konzen –
Bauernhof Schilder Hoscheidt 1960

Regionalliteratur im Helios-Verlag (Auswahl)

Ranko Ziellenbach

Johannes von Nepomuk
– ein böhmischer Heiliger in der Eifel

Johannes von Nepomuk ist in Mitteleuropa als Brückenheiliger wohl bekannt. Von keiner Heiligenfigur der Christenheit, Maria ausgenommen, gibt es so viele Standbilder im Freien wie von ihm.
Auch in der Kulturlandschaft Eifel ist er präsent: auf Brücken und Plätzen, an Brunnen und Häusern, zahlreich auch in Kirchen und Kapellen. Er hat Gestalt gefunden in alten, barocken Bildnissen und modernen, die jüngsten Figuren aus 2001 und 2003.

• Wer war dieser Mann, der vom böhmischen König in der Moldau ertränkt wurde?
• Wo in der Eifel findet man Darstellungen von ihm?
• Wie kam seine Verehrung von Böhmen hierher?

Der Autor geht diesen Fragen auf vielfältige Weise nach, insbesondere anhand der über die ganze Eifel und ihrer Randgebiete verstreuten Nepomuk-Bildnisse. Der Leser folgt den Spuren Johanns von Nepomuk auf einer Entdeckungsreise besonderer Art durch die Eifel. Er erfährt an 42 exemplarisch ausgewählten Darstellungen des Heiligen die Vielfalt künstlerischer Ausdrucksformen aus fast 300 Jahren, ihre Einbettung in die Lokal- und Zeitgeschichte und manch Anekdotisches. Er lernt Künstler und Stifter kennen und hört Zeitzeugen aus alter und neuer Zeit.
Das sorgfältig recherchierte und dokumentierte Buch ist üppig, zum großen Teil farbig illustriert; alle heute vorhandenen Bildnisse sind aktuell fotografiert. Eine Verbreitungskarte und eine vollständige Zusammenstellung aller heute noch vorhandenen Darstellungen in Bild und Kurztext runden das Buch ab.

Großformat, Leinen mit Schutzumschlag, 176 S., 61 sw-Bilder, 62 Farbbilder, ISBN 3-933608-79-1; € 24,80

Erich Gerten

Postkutschen und Postillione in der Eifel
Ein Stück Alltagsleben aus alter Zeit

Postkutschenzeit - romantische Zeit oder eher Vorwärtskommen im sprichwörtlichen Schneckentempo? Erstmals greift eine Veröffentlichung diese Frage für den gesamten Eifelraum auf und beschreibt die Entwicklung des Verkehrsmittels „Postwagen", umgangssprachlich „Postkutsche". Kaum 200 Jahre verkehrten Postkutschen, flächendeckend noch nicht einmal ein halbes Jahrhundert. Die erste Route über die Eifelhöhen führte ab 1726 von Koblenz nach Trier. Erst ab 1816 konnte ein annähernd flächendeckendes Netz geschaffen werden, das jedoch mit der Einführung der Eisenbahn bereits ab 1864 sukzessive abgebaut wurde und mit der Übernahme der restlichen Strecken durch motorisierte Busse in der Zeit um 1925 beendet war.
Und doch bleibt sie bis heute in Erinnerung – die Postkutsche als Symbol der als romantisch angesehenen „guten alten Zeit". Sie ist als „Idylle auf Rädern" überliefert, aber auch als langsames Verkehrsmittel, manchmal langsamer als ein Fußgänger. Eine Postkutschenfahrt durch die Eifel von Trier nach Köln dauerte fast anderthalb Tage, eine heute unvorstellbare Zeit für kaum 175 Kilometer.
Da die Postkutschen sich im laufenden Veränderungsprozess befanden, wird anhand einer Fokussierung, dennoch chronologisch und umfassend die Entwicklung der Eifeler Postkutschenlinien und ihrer Beherrscher, der Postillione, dargestellt, ohne den unbedingten Anspruch auf Vollständigkeit zu erheben.
Die Betriebstätigkeit einer Postkutsche ist vergleichbar mit einer heutigen Eisenbahn- oder Busfahrt in ihren Abläufen. Wartezeiten, Verspätungen und unvorhergesehene Beeinträchtigungen waren nicht zu vermeiden. Eine Fahrt im Winter konnte durchaus Erkrankungen mit sich bringen. Eine Reise im Sommer in der vollbesetzten Kutsche bei drückender Hitze gestaltete sich ebenso problematisch. Dennoch – die Romantik kam gelegentlich dazu, wie ein Bericht aus dem Ahrtal verdeutlicht: „War auch im Sommer mitunter der Andrang der Fahrgäste so groß, das außer dem Hauptpostwagen noch vier Beiwagen gefüllt wurden, wobei manchmal Männlein und Weiblein einander auf dem Schoß sitzen mußten, um nur mitzukommen – schön war es doch ! (...) Da wurde erzählt, gescherzt, gelacht, gejodelt und gesungen, manche Wegstrecke hinter dem Wagen dreinspaziert und hier und dort ein Schoppen zur Herzstärkung genommen. Schwager Postillion schmetterte auf dem Posthorn ein lustiges Lied in die Berge hinaus, das vielfache Echo der Felsen herausfordernd."

Großformat, Leinen mit Schutzumschlag, 152 S., 64 Fotos, 80 Abb., ISBN 3-933608-87-2; € 28,50

Peter Weber

Eifeler Feste, Feiern und Wallfahrten im Jahreslauf

„Ett jitt emme enn Jrond zomm Fiere“

Seit Jahrhunderten haben sich die Menschen unserer Heimat um die sinnvolle Gestaltung des Lebens unter den gegebenen Umständen bemüht. Vorrangig war die Sicherung der Existenz, die aber durch Feste und Feiern, welche den tristen Alltag unterbrachen und ihn bereicherten, aufgelockert wurde. Nicht zuletzt aber suchte man auch Hilfe bei denen, die sich als Helfer in der Not durch Zeichen und Wunder bewährt hatten, den Heiligen. So spielen Wallfahrten, damals wie heute, eine bedeutende Rolle im Leben vieler Menschen. Es heißt nicht umsonst, der Mensch lebt nicht vom Brot allein....

Die einzelnen Berichte des Buches führen uns vom Jahresbeginn bis zum Stefanstag und sind durch viele Bilder illustriert. Zu Beginn stehen Geschichten zum Jahresanfang, gefolgt vom Brauchtum zum Dreikönigsfest, dem Umzug der Sternsinger, der heute weit verbreitet ist und mit dessen Erlös die Kinder in der so genannten Dritten Welt unterstützt werden. Die Reise durch das Jahr führt uns weiter über den Sebastianstag, der für die Schützenvereine seine Bedeutung hat, über Lichtmess mit der Kerzenweihe zum hl. Blasius, an dessen Namenstag der Blasiussegen erteilt wird und zahlreiche Veranstaltungen stattfanden. Der Valentinstag, Tag der Freundschaft genannt und das Namensfest des hl Matthias schließen sich an. Die Fastnachtszeit war und ist Anlass zu mancherlei Bräuchen und Feiern. Mit dem Aschermittwoch beginnt die vierzigtägige Fastenzeit und dann die Karwoche mit Gründonnerstag, Karfreitag und Karsamstag. Manche kirchliche Veranstaltungen finden an diesen Tagen statt. Mit Ostern erreichen wir einen Höhepunkt im Kirchenjahr und den Anlass zu vielen Festen und Feiern. Letztere setzen sich im Wonnemonat Mai fort und es beginnen die Wallfahrten zur Madonna in Schuld. Eheschließung und Hochzeitsbräuche haben ihre besondere Bedeutung im Leben der Menschen. Darüber wird eingehend berichtet. Ergänzt wird der Bericht durch einen Heiratsvertrag aus dem Jahre 1736 und einen Ländlichen Liebesbrief aus dem Jahre 1829. Mit Geburt und Taufe wird der Rundgang durch das Jahr fortgesetzt, gefolgt vom Weißen Sonntag, dem Tag der Erstkommunion. Pfingsten, ein weiterer Höhepunkt des Kirchenjahres, beschert uns mancherlei Feste und Feiern im Rahmen der Bräuche. Es folgen der Dreifaltigkeitssonntag mit der Brotsegnung in Aremberg und Fronleichnam mit den Prozessionen zu den Fronleichnamsaltären. Anlass zum Feiern sind auch der Johannistag, das Kapellenfest in Ohlenhard und nicht zuletzt Maria Himmelfahrt, als Krautwischfest bekannt. Neben den hl. Antonius und Jakobus der Ältere wird auch des hl. Donatus gedacht, der Patron der Kapellen in Harscheid, Hoffeld und Honerath ist. Über die Feiern aus Anlass der Kirmes wird berichtet, ebenso über die große deutsche Heilige, Hildegard von Bingen. Nach der Ernte der Feldfrüchte wird Erntedankfest gefeiert, zum Dank für die eingebrachte Ernte. Mit Allerheiligen und Allerseelen begeht man ein besonderes Gedenken an die Heiligen und auch die Verstorbenen aus der eigenen Familie. Im späten Jahr feiern wir St. Hubertus, ein besonderer Tag für die Jagdfreunde, dann St. Martin, die hl. Barbara und St. Nikolaus. Mit dem Andreastag beginnen die Zaubernächte, dann die Zeit der Zwölften, nach Landschaften verschieden. Weihnachten, das Fest der Geburt des Herrn ist ein besonderer Anlass zum Feiern. Der Rundgang durch das Jahr findet seinen Abschluss mit dem Stefanstag.

Großformat, Leinen mit Schutzumschlag, 159 S., 126 Abb. **€ 21,40**
